suhrkamp taschenbuch 838

Gustaf Gründgens (1899-1963) absolvierte seine Schauspielausbildung bei Louise Dumont und Gustav Lindemann in Düsseldorf. Über Engagements in Halberstadt und Kiel kam er 1923 an die Hamburger Kammerspiele zu Erich Ziegel, wo er zum ersten Mal Regie führte. Seit 1928 war Gründgens Schauspieler bei Max Reinhardt in Berlin und ab 1934 nahezu 30 Jahre lang Theaterleiter in Berlin, Düsseldorf und Hamburg.

Rosemarie Clausen erhielt ihre Fotoausbildung in Berlin. Bereits 1934 fotografierte sie die Bühnenarbeit von Gustaf Gründgens am Theater am Gendarmenmarkt. 1945 setzte Rosemarie Clausen ihre Tätigkeit in Hamburg fort bei Ida Ehre an den Kammerspielen, bei Gustaf Gründgens am Deutschen Schauspielhaus, am Thalia-Theater, u. a. 1967 fotografierte Rosemarie Clausen die Proben zu *Endspiel*, das Samuel Beckett selbst am Schiller-Theater in Berlin inszenierte.

Siegfried Melchinger, geboren 1916, war, nach seiner Tätigkeit als Redakteur und Kritiker in Stuttgart, Frankfurt, Berlin, Wien und München, 1948-1950 Chefdramaturg und stellv. Direktor des Theaters in der Josefstadt, Wien, und leitete von 1953-1962 das Feuilleton der Stuttgarter Zeitung. 1963-1973 lehrte er als Professor für Theorie des Theaters an der Staatl. Hochschule für Musik und Darstellende Kunst in Stuttgart. Zahlreiche Veröffentlichungen.

Gustaf Gründgens' *Faust*-Inszenierung hat Theatergeschichte gemacht. Vom »Vorspiel auf dem Theater« ausgehend – das in seinen beiden vorhergehenden *Faust*-Inszenierungen (Berlin 1941/42, Düsseldorf 1949) fehlte – schreitet er in der Inszenierung am Hamburger Schauspielhaus 1957/58 im *engen Bretterhaus* den ganzen Kreis der Schöpfung aus.

Rosemarie Clausens Bühnenaufnahmen dieser legendären *Faust*-Inszenierung – auf Wunsch Gründgens' zumeist vor dunklem Grund fotografiert – sind ein Dokument, das auch den heutigen Betrachter noch an der suggestiven Wirkung dieser Aufführung teilhaben läßt.

Der erstmals 1959 erschienene Bildband wird eröffnet mit dem Aufsatz von Siegfried Melchinger, »Faust für uns. Über Gustaf Gründgens' Hamburger Inszenierung«.

GRÜNDGENS FAUST

*22. 12. 1899
- 1963*

Siegfried Melchinger:
Faust für uns

Bilder der Hamburger Aufführung
von Rosemarie Clausen

Gustaf Gründgens:
Meine Begegnung mit Faust

Suhrkamp

Umschlagfoto: Rosemarie Clausen

suhrkamp taschenbuch 838
Erste Auflage 1982
© Suhrkamp Verlag Berlin und Frankfurt am Main 1959
Suhrkamp Taschenbuch Verlag
Alle Rechte vorbehalten, insbesondere das
des öffentlichen Vortrags, der Übertragung
durch Rundfunk und Fernsehen
sowie der Übersetzung, auch einzelner Teile.
Satz: LibroSatz, Kriftel
Druck: Nomos Verlagsgesellschaft, Baden-Baden
Printed in Germany
Umschlag nach Entwürfen von
Willy Fleckhaus und Rolf Staudt

2 3 4 5 6 7 – 88 87 86 85 84 83

Inhalt

Siegfried Melchinger
Faust für uns

Über Gustaf Gründgens'
Hamburger Inszenierung

Seit einiger Zeit wird vom Ende des faustischen Menschen gesprochen. Das berührt merkwürdig. Gilt Faust doch als mythische Figur des technischen Zeitalters, wozu ihn nicht erst Spengler erhoben hat. Diejenigen, die von seinem Ende sprechen, meinen denn auch, daß es zu Ende gehe mit dem Menschen, der das technische Zeitalter erschaffen habe, nachdem es ja offensichtlich längst zu Ende gegangen ist mit dem Menschen, der an Glück und Herrlichkeit dieses Zeitalters geglaubt hatte.

Was Goethe betrifft, der die Figur des Mythos erfunden und ihr den Namen gegeben hat, so ist zunächst fraglich, ob sein Faust wirklich der faustische Mensch ist, jene Schlüsselfigur des technischen Zeitalters, als die ihn Spätere gedeutet haben. Heißt es nicht im großen Monolog zu Beginn des ersten Teils sehr unfaustisch: »Bilde mir nicht ein, was Rechts zu wissen«? Ist nicht die Wendung zur Magie mit dem Pakt, der aus ihr hervorgeht, geradezu die Abkehr von der Wissenschaft? Diese wird auf Wagners Schultern abgeladen, der sich denn auch zu Glück und Herrlichkeit ihres Zeitalters bekennt (»Wie wirs dann zuletzt so herrlich weit gebracht«) und die einzige wissenschaftliche Tat vollbringt, von der in der Tragödie die Rede ist: die

Erschaffung des Homunculus. Für Wagner ist Wissen so viel wie Wahrheit. Fausts Monolog sprengt gerade dieses Axiom, das bis in den modernen Kommunismus hinein ein Glaubensartikel des technischen Zeitalters war und ist. Jenes »Und sehe, daß wir nichts wissen können« wird nirgends zurückgenommen. Keine der Weltsphären, die der Dichter seinen Helden durchschreiten läßt, ist von Wissenschaft oder Technik erfüllt, es sei denn die mit Hohn überschüttete des Homunculus-Laboratoriums oder die von Tragik erfüllte des alten Faust, der, mit Hilfe der Technik, das weite, »noch unbesessene« Land in Besitz zu nehmen wünscht, dessen allegorische Helfer jedoch ruchlose Gesellen sind und den im Sterben das Geklirr der Spaten ergötzt, weil er nicht weiß, daß er die Lemuren hört, die sein Grab schaufeln. Die Identifikation des Goetheschen Faust mit dem faustischen Menschen ist mehr als fragwürdig geworden.[1]

Wenn also vom Ende des faustischen Menschen gesprochen wird, so heißt das auch, daß wir Abschied nehmen von einer Interpretation des »Faust«, die nicht mehr die unsrige sein kann, und daß wir gezwungen sind, die Dichtung neu zu entdecken, einen »Faust für uns«.

Wir haben jetzt eine einzigartige Möglichkeit, unser Verhältnis zu Goethes Dichtung am Beispiel einer Aufführung zu klären. Im Hamburger Deutschen Schauspielhaus ist Gustaf Gründgens eine Inszenierung beider Teile der Tragödie geglückt, die repräsentativen Rang und exemplarischen Charakter in Anspruch nehmen darf. Sie ist als Ereignis des deutschen Theaters der zweiten Nachkriegszeit gefeiert worden. Diese Denkwürdigkeit berechtigt uns, das Bild, das sie uns bietet, in größere Zusammenhänge zu stellen und nach tieferen Perspektiven auszuleuchten.

Um die Aktualisierbarkeit

Andererseits stellt sich sofort die Frage: War es denn die Absicht dieser Inszenierung, das Werk derart zu aktualisieren, daß wir das Recht hätten, von einem »Faust für uns« zu sprechen? Wir hören Gründgens energisch widersprechen, im Sinne seiner immer wieder vorgetragenen Forderung, daß der Regisseur keine eigene Auffassung vom Werk haben dürfe, daß es vielmehr gerade sein Talent ausmache, die Auffassung des Dichters zu erkennen und wiederzugeben (»Regie« 1937), daß es weniger darauf ankomme, ob gut oder schlecht Theater gespielt werde, als darauf, ob falsch oder richtig gespielt werde (»Auf der Suche nach dem Gesicht des Theaters« 1948). Aber eben dieser Protest gegen Willkür, Subjektivität, Hybris der Regie ist die Voraussetzung, daß wir das Bild dieser Aufführung wie einen Spiegel betrachten dürfen, in dem wir zugleich die Dichtung und uns selbst erblicken. Nur wenn die Dichtung mit der strengsten Objektivität ernstgenommen worden ist, wird ihre Auslegung mehr als das Aperçu eines einzelnen, nämlich der Ausdruck einer Einstellung, die dieser einzelne mit der allgemeinen teilt oder zu teilen hofft, weil er sie für die »richtige« hält.

Die Richtigkeit auf der Bühne unterscheidet sich von der Richtigkeit in der Wissenschaft durch ein geheimnisvolles Phänomen, dem Hofmannsthal als erster den Namen gegeben hat: »Der dramatische Text ist etwas Inkomplettes, und zwar um so inkompletter, je größer der dramatische Dichter ist«; Hofmannsthal beruft sich auf Shakespeare und Calderon, die es »stets verstanden haben, das Letzte, ja auch das Vorletzte nicht zu geben«. Was wird hier offengelassen? Alles Schöpferische, was die Schauspielkunst einem Werk mitteilen können muß, wenn sie mehr als die »Richtigkeit« mechanischer, wissenschaftlicher Reproduktionsverfahren verwirklichen soll. Das ist nicht *nur* das Problem der Klassiker auf modernen Bühnen, aber es ist bei Klassikern das entscheidende und unausweichliche Problem: wie vermag ein vor langer Zeit geschriebenes Werk Gegenwart zu gewinnen, jene Ungeschichtlichkeit und Unmittelbarkeit, durch die es dem Museum entrissen wird? Das Theater lebt nur an einem Abend, der immer der einzige ist. Ein Bühnenwerk lebt nur, wenn es so dargestellt wird, als würde es zum erstenmal gespielt. Das Bühnenwerk eines Klassikers muß in die Gegenwart jenes einzigen Abends verwandelt werden, und damit dies geschehen kann, muß in ihm »Inkomplettes« offen sein, worin der bleibende, überdauernde Text von jetzigen Menschen in jetzige Sprache, jetziges Leben übertragen wird.

Je weniger sich nun die Schauspielkunst auf das Inkomplette stützt, das ihr offengelassen ist, je bedingungsloser sie um die Auffassung des Dichters ringt, um das »Richtige«, wie Gründgens sagt, je leidenschaftlicher sie sich der Spannung aussetzt, in der sie sich dem Text gegenüber befindet, desto Tieferes teilt sie zugleich von sich selbst mit, desto auslegbarer wird ihre Darstellung in unsrem Sinn. Kindereien wie Hamlet im Frack oder Faust im Overall sind belanglos sowohl für die Auslegung des Werks wie für unsre Selbstauslegung. Das Problem der Gegenwart läßt sich nicht auf das Kostüm reduzieren. Der Aktualität von Gags steht die Aktualität von Entscheidungen gegenüber. Somit bestimmt sich die wirkliche Aktualisierbarkeit des »Faust« nach dem Spannungsgrad der Objektivität, mit der sich die Interpretation dem Werk gegenüber verhält.

Das ›Inkomplette‹ im ›Faust‹

Was das »Inkomplette« beim »Faust« betrifft, so liegt es nicht nur in der fragmentarischen Ausführung, die vor allem im zweiten Teil unverkennbar ist, sondern, wie Goethe immer wieder betont hat, im Plane selbst: »Da kommen sie«, sagte er am 6. Mai 1827 zu Eckermann, »und fragen: welche Idee ich in meinem ›Faust‹ zu verkörpern gesucht? Als ob ich das selber wüßte und aussprechen könnte! ... Es hätte auch in der Tat ein schönes Ding werden müssen, wenn ich ein so reiches, buntes und so höchst mannigfaltiges Leben, wie ich es im ›Faust‹ zur Anschauung gebracht, auf die magere Schnur einer einzigen durchgehenden Idee hätte reihen wollen!« Im weiteren Verlauf dieses Gesprächs berief sich Goethe auf die Irrationalität, die jeder Poesie innewohnt: »Je inkommensurabler und für den Verstand unfaßlicher eine poetische Produktion, desto besser.« Am 20. Juli 1831 schrieb er an Meyer über das Werk: »Wenn es noch Probleme genug enthält, indem, der Welt- und Menschengeschichte gleich, das zuletzt aufgelöste Problem immer wieder ein neues, aufzulösendes darbietet, so wird es doch gewiß denjenigen erfreuen, der sich auf Miene, Wink und leise Hindeutung versteht. Er wird sogar mehr finden, als ich geben konnte.« Und am 7. September sehr ähnlich an Reinhard: »Aufschluß erwarten Sie nicht; der Welt- und Menschengeschichte gleich, enthüllt das zuletzt aufgelöste Problem immer wieder ein neues aufzulösendes.« Man wird Goethe nicht des Mystizismus verdächtigen, aber eine gewisse Mystifizierung lag beim »Faust« in seiner Absicht. Und daß eben dies im Sinne Hofmannsthals verstanden werden muß, bestätigt das berühmte, am 20. Dezember 1829 zu Eckermann gesprochene Wort: »Die Hauptsache ist, daß es geschrieben steht; mag nun die Welt damit gebaren, so gut sie kann, und es benutzen, so weit sie es fähig ist.«

Das Inkomplette, das im »Faust« mitangelegt ist, gibt der Auslegung weiten Spielraum. Die Kommentare füllen Regale. Die Richtigkeit, um die sie sich bemühen, ist eine andere als die der Bühne. Sie interpretieren zwar die Auffassung des Dichters, aber sie interpretieren sie historisch. Die Richtigkeit der Bühne verlangt eine Interpretation der Auffassung des Dichters im Hinblick auf die Möglichkeit ihrer Vergegenwärtigung. Das setzt voraus, daß das Werk nicht aus dem Prozeß seiner Entstehung verstanden wird, sondern als ein Gebilde, das sich vom Ich seines Schöpfers gelöst und weit entfernt hat. Was an ihm komplett ist, seine Dauerhaftigkeit und Wiederholbarkeit, lebt in unserem Musée imaginaire als ein Stück Gegenwart, das uns so gut vertraut ist wie ein in unserer Gegenwart entstandenes Werk, ja, mehr vertraut als die meisten Werke von Zeitgenossen.

Geschichtliches als gegenwärtig zu erleben und zu verstehen, ohne eine Spur von Relativierung – dieser Wunsch, welcher der Hamburger Aufführung des »Faust« zugrundeliegt, schließt andere Geschichtsauffassungen aus, wie sie den meisten früheren und manchen heutigen Inszenierungen des Werkes zugrundegelegt wurden und werden. Das Geschichtliche an einem Kunstwerk wird weder progressiv noch romantisch verstanden. Die progressive Auffassung, die von der Leninschen Forderung nach »Parteilichkeit« im Sinne der marxistischen Kunsttheorie gelenkt wird, sieht das Werk am Ort und als Ausdruck einer bestimmten Phase der gesellschaftlichen Entwicklung; sie stellt es unter das Kriterium der Weltveränderung, in den Aspekt einer zu schaffenden Zukunft; sie aktualisiert es, indem sie die progressiven Tendenzen herausarbeitet und die übrigen der parteilichen Kritik exponiert. Die romantische Auffassung, deren positivistische Endphase, der Historizismus, sich ebenso wissenschaftlich gab wie sich die progressive Auffassung heute noch gibt, verlegt das Werk aus der Gegenwart weg in einen Ort und in eine Ausdruckswelt, zu denen wir uns träumerisch-sehnsüchtig oder auch nur einfühlend-verstehend verhalten sollen. Weder die Flucht in die Vergangenheit noch die Flucht in die Zukunft können zu jener Richtigkeit führen, die Gründgens im Auge hat.

Szene von gestern – neue Szene

Theaterhistorisch gesehen, im Zusammenhang der Bühnengeschichte des »Faust«, setzt sich die Hamburger Inszenierung rigoros von der romantischen Auffassung ab, die bis tief in das zwanzigste Jahrhundert die Bühnenkunst beherrschte, indem sie von der Interpretation eines Werkes nicht Vergegenwärtigung, sondern Stilisierung forderte. Die Verführung, den Theaterbesucher durch perfekte Illusion in vergangene Zeiten zurückzuversetzen, ist groß: sie ist zu allen Zeiten dagewesen, ein Rudiment der Magie, die früh in Kontakt mit dem Spiel geraten ist (wobei sich dieses jener bediente und umgekehrt). Als sich mit den Fortschritten der Bühnentechnik die Szene aus dem Dämmerlicht der Kerzen löste, als zunächst aus dem Gas, später aus der Elektrizität eine ungeahnte Helligkeit in den Bühnenraum strömte, erreichte diese Magie eine letzte hypertrophische Blüte. Denn der Bühnenraum war ja der Guckkasten mit jenem Fenster an Stelle der vierten Wand, das den Blick ebenso in garantiert echte, natürliche Gegenwartswirklichkeit freigab wie in garantiert echte, natürliche Vergangenhcitswirklichkeit.

Im ersten Jahrzehnt unsres Jahrhunderts verbündete sich der Fortschritt der Bühnentechnik mit dem Ästhetizismus, der sich vorgesetzt hatte, vermittels der Kunst und also auch vermittels der Bühne die »Schönheit« in die Wirklichkeit hereinzuholen. Jener träumerische Guckkasten-Effekt, mit dem die Zeitgenossen in entfernte Epochen zurückversetzt wurden, wurde verfeinert durch das Entzücken am Dekor entzückender Epochen; Exotisches wurde eingemischt, auch die Folklore gab beliebte Reize her. Was die Geschichte betrifft, so stand man ihr in der Distanz des kulinarischen Genießens gegenüber. Stil war Traum und Magie. Und jene Revolution, die sich um 1910 in allen Künsten und in aller Welt durchzusetzen begann, hatte bei aller Unterschiedlichkeit der Parolen mindestens diese eine Zielscheibe gemeinsamer Aggression: den Ästhetizismus der Stilisierung. Freilich hielt noch der deutsche Bühnenexpressionismus am Postulat des Stils selbst fest: aus den Stilen wurden nun Symbole gewonnen, die mit aktuellen Affekten beladen wurden. Man denke an die Rolle, die das »Gotische« damals gespielt hat. Und damit sind wir wieder beim »Faust«, der in der ersten Nachkriegszeit zum Symbolwerk des gotischen, des faustischen Menschen erhoben wurde und jene

Phase seiner Spitzbogenstilisierung erlebte, mit welcher erst die Hamburger Inszenierung radikal gebrochen hat.

Die Tiefe der Zäsur, die den Hamburger »Faust« von den vorhergegangenen Interpretationen trennt, zugleich auch die Rigorosität, mit der hier die letzten Überbleibsel fortgeschleppter Bühnenkonventionen beseitigt sind, mag ein Hinweis verdeutlichen:

Goethe schreibt für den Eingangsmonolog vor: »In einem hochgewölbten, engen gotischen Zimmer Faust.« Bilder von »Faust«-Inszenierungen aus den ersten Jahrzehnten unsres Jahrhunderts zeigen dieses Zimmer vollgestopft mit Gerümpel, darüber das obligate gotische Spitzbogenfenster, durch dessen Butzenscheiben das Mondlicht schien. Als mit dem Zusammenbruch des Bühnenillusionismus die Szene entrümpelt und den Bestrebungen der modernen bildenden Kunst angenähert wurde, verschwand wohl das gotische Gerümpel, aber der gotische Spitzbogen blieb. Er wurde ins Zeichenhafte vergrößert und expressionistisch »gesteilt«. Zu Beginn der dreißiger Jahre hatte man eine bis dahin nie erlebte Kargheit der Szene erreicht: ein Pult, ein Sessel, ein Spitzbogen. So ähnlich war die Szene noch in Rochus Glieses Bühnenbild für die Berliner »Faust«-Aufführung unter Gründgens' Regie 1941. Der Hamburger »Faust« kennt den

Spitzbogen nicht mehr. Das Zeichen, das ihn ersetzt, ist ein Glaskugelsystem, das dem Brüsseler Atomium ähnelt.

Zwischen der Berliner und der Hamburger Inszenierung ist ein Erkenntnisakt zu Ende geführt worden. Der Spitzbogen hatte den Monolog noch immer in einen geschichtlichen Ort verlegt, zu dem wir uns in Distanz setzen sollten; unser Bildungsverstand hatte zu identifizieren »ah, gotisch«. Das Glassystem bedarf keiner solchen Erklärung, weil es sich nicht in Distanz von uns befindet. Die Szene ist völlig Gegenwart geworden. Das wurde erreicht ohne affektierte Brutalitäten wie Hamlet im Frack. Denn die Szene des Labors enthält kein Detail, das nicht *auch* der geschichtlichen Realität entsprochen hätte. Glasbläserei ist ein uraltes Handwerk, nahezu so alt wie die Alchimie, die sich seiner Produkte bediente. So wird deutlich: es wurde ein Zeichen gesucht und gefunden, das zugleich geschichtlich und gegenwärtig ist. Geschichte, gereinigt von zeitbedingtem Gerümpel, wird Gegenwart, die ihrerseits gereinigt ist von ihrem zeitbedingten Gerümpel.

›Bohlen über Fässer‹ – darauf ein Spiel

Der Erkenntnisakt, der zu Ende geführt worden ist, setzt eine Zwischenstation voraus, die wir uns klarmachen müssen, wenn wir die Konsequenzen der Hamburger Inszenierung verstehen wollen. Es ist die Station der tabula rasa, des treseau nu, der nackten Bretter, die am Ende der Bühnenrevolution von 1910 übrigblieb, nachdem alle Konventionen und Stilisierungen weggefegt worden waren. Der Zusammenbruch des Illusionismus war durch die gewaltige Ausbreitung der Apparate und ihrer Produktionen beschleunigt worden. Mit Täuschungen, wie sie die Filmfotografie ermöglichte, konnte selbst die raffinierteste Bühnentechnik nicht mehr konkurrieren. So sah sich das Theater plötzlich auf seine Ursprungssituation zurückgeworfen, auf die Situation, in der so etwas wie Theater überhaupt entstehen und Sinn gewinnen konnte. Niemand hat diese Situation treffender beschrieben als der unbegreiflich hellsichtige Goethe (in einem Brief an Kleist): »Auf jedem Jahrmarkt getraue ich mir, auf Bohlen über Fässer geschichtet . . . der gebildeten und ungebildeten Masse das höchste Vergnügen zu machen.« Auf Bohlen über Fässer: tabula rasa, le tréteau nu, die nackten Bretter. Die Bühne aller Konvention und Tradition entkleidet, zurückgeführt auf die Ursprungssituation, in der irgendwann einmal ein Podium aufgeschlagen worden sein muß, damit einige etwas vorspielen und die anderen sich etwas vorspielen lassen konnten. Der zu Ende gedachte Erkenntnisakt führte zu der Einsicht, daß auch »Faust« ein solches *Spiel* sei und nur von dorther verstanden werden könne, wo der große Huizinga das Fundament für die Thesen seines homo ludens erkannte: Bohlen über Fässer, darauf ein Spiel.

Hegel hat den »Faust« die »absolute philosophische Tragödie« genannt: das mag den Punkt bezeichnen, der von dem in Hamburg fixierten Punkt der »Faust«-Auslegung am weitesten entfernt ist. Wie kann das »Absolut-Philosophische« ein »Spiel« sein, beziehungsweise sich in einem solchen ausdrücken? Das ist inkommensurabel. Hegel bezeichnete die Tragödie als »absolut philosophisch«, weil er in ihr die Quintessenz dessen wiedererkennen zu dürfen glaubte, was er selbst für die Quintessenz der Erfahrungen des Menschengeistes im Umgang mit sich selber hielt. Aber Goethe hat für den »Faust« die »Unfaßlichkeit der poetischen Produktion« ebenso in Anspruch genommen wie die Dunkelheit des menschlichen Wesens, das »wenig von der Welt weiß und am wenigsten von sich selber«. Rudolf Kassner hat darauf hingewiesen, daß in Goethes Vokabular das »Absolute« nicht vorkommt.

Der Dichter hat der Philosophie nur ein begrenztes Verstehen des Menschen zugetraut. Wieviel mehr muß er seinem Schauspiel zugetraut haben! Freilich nicht dem Schauspiel in der Form der klassischen Tragödie, auch nicht dem Schauspiel in der Form Shakespeares – denn von beiden ist der »Faust« weit entfernt –, sondern dem Schauspiel in der elementaren Form des Spiels, wie es sich noch auf dem Jahrmarkt und bei den Puppen erhalten hatte. Zweierlei muß ihn hier angezogen haben: das *Scheinhafte* und das *Gleichnishafte* (Bei-spiel), beides zusammen in der tiefsinnigen Metapher vom theatrum mundi, vom Welttheater: »Totus mundus agit histrionem« lautete die Inschrift am Globetheater in London. Goethe schrieb: »So schreitet in dem engen Bretterhaus den ganzen Kreis der Schöpfung aus«. Das Theater ist die Welt und die Welt ist – Theater. Faust – das ist der Held des Schauspiels, das der Mensch auf dieser Welt aufführt. Der Mensch, wie ihn Goethe sieht: vielleicht ursprünglich einmal nur *ein* Mensch, er selbst, aber am Ende immer mehr *der* Mensch, und keineswegs nur der faustische.[2]

Je mehr Goethe den »Faust« als ein Spiel erkannte und im Fortplanen entwarf (»Urfaust« und »Fragment« enthalten keinerlei Vorspiel), desto größer wurde die Distanz, in der sich der Dichter gegenüber dem Helden sah. Distanz bedeutet, auf das Spiel bezogen, in einem bezeichnenden Sinn Ironie:

so nämlich wie jede Darstellung von Welt oder Menschen auf der Bühne das Element des Scheinhaften enthält. In vielen früheren »Faust«-Aufführungen wurde der Prolog im Himmel bedenkenlos weggelassen, in den meisten das Vorspiel auf dem Theater. Daß beide unentbehrlich sind, ja, den Sinn des Spiels recht eigentlich aufweisen, ist eine der Grunderkenntnisse der Hamburger Inszenierung, die das Spiel wiederherstellt.

So ist da nun eine kleinere Bühne auf der großen aufgeschlagen, »Bohlen« nicht gerade »über Fässer«, aber über Balken. Vorne ein Rahmen aus grauen Latten, darum eine rote Schnur gewunden. Im Vorspiel treten drei Herren auf, der Direktor, der Autor und der Komödiant. Sie beschließen, ein Spiel zu geben. Der Direktor greift nach der Perücke und ist bald darauf als Gottvater zu sehen. Die anderen machen es ähnlich. Auch der Erdgeist braucht später nicht mehr als Projektion an die Szenenwand geworfen zu werden (wie noch in der Berliner Inszenierung 1941): in Mantel und Schlapphut tritt er auf, von Gezweig und Blattwerk umringelt, eine »Person« im Spiel. Mephisto – natürlich, das ist dann die Lustige Person des Vorspiels, das ist der »Schalk«, ist Harlekin, der den Teufel spielt. »Und wenn der Narr durch alle Szenen läuft/So ist das Stück genug verbunden« (Paralipomenon 4).

Dazwischen unsre Welt – als Phantasmagorie

Im nichtillusionistischen Theater genügen Raum-
segmente und Möbelstücke, um eine Welt anzu-
deuten. So erscheinen auf dem Bretterpodium
Gretchens Bett und Schränkchen, die Bosketts in
Marthes Garten, der Thron des Kaisers, Lynkeus'
Turm, Philemons und Baucis' Linde. Allein –
mochte sich der Urheber der neuen Auslegung
gefragt haben – bedeutet nicht auch dieses Bretter-
gerüst, wie es da auf den wirklichen Bühnenbret-
tern aufgeschlagen ist, eine Art Illusion und Vor-
spiegelung falscher Tatsachen angesichts der Realität des gegebenen Bühnengebäudes selbst? Das
Hamburger Deutsche Schauspielhaus ist ein Guck-
kastentheater des mittleren Stils, pompös bestuckt,
mit Gold und rotem Samt ausgeschlagen, mit Rän-
gen und Logen, ein Prachtstück vorletzter Vergangenheit, aber immerhin zeitgemäß benutzbar und
höchst erfolgreich benutzt. Dieses Haus stellt un-
leugbar eine Wirklichkeit dar, die sich nicht einfach
dadurch aufheben läßt, daß man den großen Vor-
hang zieht und dahinter einen kleineren anbringt,
der vortäuscht, man befinde sich in einer Jahr-
marktbühnenbude.
 Auch für Goethe war das im Vorspiel angespro-
chene Bretterhaus nur eine symbolische Realität.
Die Wiederherstellung des Spiels auf einer das

Scheinhafte eigens betonenden zweiten Bühne hat ebenfalls symbolischen Charakter. Um jedoch der Wirklichkeit des anderen Bühnenhauses gerecht zu werden, beschloß der Regisseur, sich ihrer zu bedienen. Er legte Szenen fest, in denen das Spielpodium entfernt wurde. Dafür kamen nur solche Szenen in Frage, in denen die Normalbühne des Theatergebäudes in der Funktion gebraucht werden konnte, die den Erbauern vorgeschwebt hatte: als Illusionstheater. Das bedeutete, daß es sich um Szenen handeln mußte, in denen das eigentliche Spiel in den Hintergrund gedrängt wurde und der Bühnenboden identisch werden konnte mit dem illusionären Boden der »Welt«. Der Gedanke, daß dafür vor allem die beiden Szenerien der Walpurgisnächte in Frage kamen, darf als genial bezeichnet werden. Illusionäre Welt – das ist Phantasmagorie. Daß es in beiden Fällen *unsre* Welt wurde, die der Regisseur in die Phantasmagorie übertrug, war die Konsequenz dieses Gedankens, die sich daraus ergab, daß Goethe die Walpurgisnächte mit (heute oft kaum mehr verständlichen) Aktualitäten angefüllt hat. Die Aktualität, die Gründgens hier inszenierte, ist unsre ins Gespenstische übertragene Wirklichkeit.

Zwei Visionen, die aufs schärfste kontrastiert sind und einander unheimlich ergänzen. Über das Kontrastierende hat Goethe selbst Wichtiges gesagt:

»Die alte Walpurgisnacht ist monarchisch, indem der Teufel dort überall als entschiedenes Oberhaupt respektiert wird; die klassische aber ist durchaus republikanisch, indem alles in der Breite nebeneinander steht« (zu Eckermann am 21. Februar 1831). So hatte die Blocksbergnacht in Hamburg den Charakter einer zusammengefaßten Vision, die klassische den einer surrealistischen Zerlegung (disjecta membra – Goethe selbst spricht von dem »Wahnsinn, Simultanes und Sukzessives zugleich zu denken«). Man könnte sagen: die eine war wie von Hieronymus Bosch, die andere wie von Picasso gesehen.

Der Übergang vom Dom zur Blocksbergnacht ist eine Explosion: plötzliche Finsternis, ein Schleier, auf dem ein Atombombenpilz aufschießt, dann grelles Licht über tobender, brodelnder, quirlender Masse, Rock and Roll auf der ganzen Bühne, Marsmenschen dazwischen, Faust und Mephisto im Strudel, und plötzlich hineingeschoben Gretchen im Büßerhemd mit abgeschnittenem Haar, die anklagende Kreatur, das Opfer, das lautlos den Taumel überschreit.

Der Übergang vom Laboratorium zur Klassischen Walpurgisnacht ist Magie. Das »Labyrinth der blauen Flammen« (Goethe) hat die Neonkühle einer surrealistischen Komposition. Der Zusammensetzung des Bildes war die totale Zerlegung vorausgegangen. Die Fabelwesen – Sphinxe, Greife, Sirenen, Lamien (mit drei und mehr Brüsten), Phorkyaden (»Fledermaus-Vampire«), Chiron mit dem Geripp eines Pferdeleibs – hatten das Mythologische nahezu abgestreift: wir erkennen sie sofort als Ausgeburten oder Montagen der Zerlegungs- und Zusammensetz-Technik moderner Malerei. Eine mondäne Dame (Erichtho) macht »die Honneurs« (wie es in einem Entwurf Goethes heißt): auch dieses Snobistische war unverkennbar. Waren die Farben auf dem Blocksberg blutrot und schwefelgelb, so schimmern sie hier bläulich und weißlich, wärmelos, metallen, synthetisch.

Zwei Aspekte unsrer Aktualität. Die schreckliche Polarität von Künstlichkeit und Katastrophe, von Experiment und Explosion, von synthetischer und gesprengter Wirklichkeit fällt ins Auge. In dieser Polarität ergänzen sich die Aspekte wie Vorder- und Rückseite zum Sinnbild des Chaos.[3]

Das Chaos ist das Bild der Welt, die wir noch nicht oder nicht mehr verstehen, weil wir aus dem Koordinatensystem herausgetreten sind, in das frühere Geschlechter der Menschheit die Widersprüche geordnet hatten. Das Chaos ist Ursprung und Produkt. Die Wüste, welche die Bombe hinterläßt, unterscheidet sich wenig von der Wüste, wie sie war, ehe der Mensch die Hand an einen Hebelarm gelegt hatte. In den Aspekten der beiden Walpurgisnächte sehen wir den Menschen unsrer Zeit auf einem Punkt wie Moses, der vorwärts und rückwärts blickt: auf beiden Seiten chaotisches Land, dort das alte, hier das neue. Er hat das eine verlassen und das andere noch nicht erreicht. Aber unter den gehetzten Rhythmen des Rock and Roll wird er in die Richtung getrieben, wo die Angst die Katastrophe auslösen wird, um sich mit ihr zu betäuben. Und unter den Projektionen der modernen Kunst besetzt sich seine Vorstellungswelt mit den vernunftlosen Geschöpfen seiner Träume, mit den Puzzlegebilden beziehungsloser Aggregate, mit den Materialisationen von Wünschen, welche die Realität ersetzen – was darauf hinausläuft, daß er sich mit gespielter Kühle einrichtet in seinem synthetischen Chaos.

Mögen solche Ausdeutungen die Grenzen des Werkes und seiner Darstellung überschreiten, so sind doch von Goethe selbst in den beiden Walpurgisnächten Punkte gesetzt, von denen aus ihr Entwurf denkbar ist. Die Absicht war, Aktualität ins Spiel zu mischen, das Scheinhafte durch »Anspielungen« zu ersetzen, deutlicher gesagt: das Spiel auf den kleinen Brettern mit dem »Spiel« auf den großen zu konfrontieren, das uns vorgespielte Spiel mit dem Spiel, das wir selber spielen. Neben die Inschrift »totus mundus agit histrionem« tritt die andere »tua res agitur«.

Je weiter das Spiel fortschreitet, je mehr es sich dem Ende der Wette, das gleichbedeutend ist mit dem Ende des Lebens, nähert, desto ausschließlicher sehen wir in Faust einen von uns in dem Sinne, daß wir mit ihm nicht das Besondere (also etwa das Faustische) teilen, sondern das Allgemeine, eben das, worin wir alle Menschen sind. In solchen Zusammenhängen erscheinen die beiden Walpurgisnächte wie Signale, die in unsre Existenz gezielt sind, das erste, in der Erhellung durch Explosion, auf das dumpfe Dahinleben, das zweite, in der Überschärfe künstlichen Lichts, auf die Vorstellungen, die wir uns von unsrer Existenz machen.

Das entspricht der Deutung, die Goethe selbst am 17. Februar 1831 Eckermann gegenüber gegeben hat: »Der erste Teil ist fast ganz subjektiv; es ist alles aus einem befangeneren, leidenschaftlicheren Individuum hervorgegangen, welches Halbdunkel den Menschen auch so wohltun mag. Im zweiten Teile aber ist fast gar nichts Subjektives, es erscheint hier eine höhere, breitere, hellere, leidenschaftslosere Welt, und wer sich nicht etwas umgetan und einiges erlebt hat, wird nichts damit anzufangen wissen.«

Die Entlarvung der modernen Dämonien

Fragen wir nun weiter, was die beiden gewaltigen Einschübe, die zur Spielhandlung so gut wie nichts beitragen, für das Drama im ganzen bedeuten, so gibt uns die Hamburger Inszenierung willkommene Hinweise. Die besondere Art der Aktualisierung, wie sie in der Darstellung der Walpurgisnächte zutage trat, war in der (hier wie überall undoktrinären) Aufführung noch auf zwei weitere Szenen in beziehungsvoller Pointierung erstreckt: auf die Hexenküche im ersten und Wagners Laboratorium im zweiten Teil. Jene zeigte mit Jahrmarkts-Sibylle, Trichtergrammophon und einer Katze, die aussah wie Baby Doll, den ganzen Unterschwellenplunder, der sich in Phänomenen wie der Ausbreitung der Astrologie als Geröll an das Zeitalter der Wissenschaft anspült. Dieses präsentierte die gläserne Apparatur aus Fausts Studierzimmer vervielfacht: Wagner saß, einem unsrer Atomphysiker verblüffend ähnlich, hinter dem Schaltbrett. Als die Kugel des Homunculus dem gläsernen Atomium entschwebte, zirpten die Pieptöne des Sputniks.

Ist es kühn zu behaupten, daß der Sputnik und die Astrologie nicht so weit voneinander entfernt sind, wie es auf den ersten Blick den Anschein hat? Sie besitzen einen gemeinsamen Reflex im Spiegel des Bewußtseins der Menschen von heute: die Unheimlichkeit. Unheimlich sind die Kräfte, die möglicherweise von den Sternen auf das Schicksal ausgestrahlt werden könnten; unheimlich ist die Vorstellung, was alles aus dem Sputnik werden könnte. Man spricht von der Dämonie der Sterne, wie man von der Dämonie der Technik spricht. Beides ist, im Lichte des Verstandes gesehen, gleich unsinnig: nicht die Technik ist dämonisch, sondern das Verhalten des Menschen zu ihr; nicht die Sterne sind dämonisch, sondern die Beziehungen, in die sich der Mensch zu ihnen setzt.

Wenn nun die Hamburger Interpretation die Verjüngung Fausts in der Hexenküche und die Produktion des künstlichen Menschen im Labor in den Bereich der modernen Dämonien hinüberspielt, so kann das nichts anderes bedeuten, als daß auch die anderen, ähnlich gezielten Aktualisierungen, die der Walpurgisnächte, die Enthüllung der Dämonien in unsrer modernen Welt beabsichtigen. In den Gehetzten und Bedrohten der Blocksbergnacht, in den Sterngläubigen der Hexenküche, in den Synthesen und Zerlegungen, den Traumprodukten und Wunsch-Materialisationen des Wagnerschen Labors oder der Klassischen Walpurgisnacht erkennen wir uns, mit C.

G. Jung zu sprechen: das kollektive Unbewußte in uns. Schauder erfaßt uns. Der furchtbare Anblick unsrer wirklichen, von solchen Dämonien beherrschten Aktualität wird zur Folie des Spiels, das nun mit der gleichen Aktualität konfrontiert ist. Wird es vor ihr bestehen? Wird Faust, wird die Dichtung als Ganzes vor ihr bestehen? Diese Frage stellen, heißt zugleich sie umkehren: Wird unsre Zeit vor Faust, vor dem Spiel, vor der Dichtung bestehen?

Goethe und das Dämonische

Wenn sich nun zeigen wird, daß die Hamburger Inszenierung durch die Hereinnahme der modernen Dämonien in eine gewisse Diskrepanz zu Goethes Anschauungen gelangt, so soll gleich vorweggenommen werden, daß auf dem Weg über diese Diskrepanz ein Einverständnis mit Goethes letzten Absichten erzielt werden konnte, wie es früheren Aufführungen nicht vergönnt gewesen ist.

Die Diskrepanz, die wir meinen, liegt in der Einstellung zum Dämonischen. Wer sich durch die »Faust«-Kommentare der Gelehrten hindurchgearbeitet hat, kann Goethes Anschauungen darüber etwa folgendermaßen zusammenfassen:

Das Dämonische sind die dem Verstand und dem

Willen entzogenen Kräfte, die durch uns hindurchgehen, gleich den elementaren Kräften, die wir in
der Natur am Werk sehen. Sie sind das schlechthin
»Wirkende«. Sie sind weder gut noch böse. Mephisto, der das Böse vertritt, wird von Goethe ausdrücklich als nicht dämonisch bezeichnet. Im gleichen Sinn wäre eine Gestalt, die nur das Gute
vertreten würde, frei vom Dämonischen. Dieses
wird erst in der Art, wie es sich verwirklicht, mit
oder gegen den Willen des Menschen, positiv oder
negativ. Goethe spricht von der »durchaus positiven Tatkraft«, in der sich das Dämonische äußert.
Er lehnt das Heroisch-Dämonische, das sich gern
in so »bedeutende Individuen« wie Napoleon oder
Friedrich den Großen »wirft«, ebensowenig ab wie
das Poetisch-Dämonische, das sich ihm etwa in
Byron dargestellt hat (und das die Euphorion-
Szenen bestimmt). Am 24. März 1829 sagte er zu
Eckermann: »Je höher ein Mensch, desto mehr
steht er unter dem Einfluß der Dämonen.« Dämonisch ist das Unergründliche der Schönheit, dämonisch sind die Kräfte der Mütter, dämonisch ist das
»Schaudern«, in dem wir ihrer inne werden. Dieses »Schaudern« gehört zu dem »Erstaunen«, von
dem Goethe gesagt hat, es sei das »Höchste, wozu
der Mensch gelangen kann« – denn auch vom
Schaudern heißt es, es sei »der Menschheit bestes
Teil«.

Die vielzitierte Stelle in »Dichtung und Wahrheit«, die das alles zusammenfaßt, weist auf eines mit Bestimmtheit hin: daß nämlich das Dämonische, wenn es in einem Menschen »überwiegend« hervortritt, »furchtbar« werden kann. Diese Furchtbarkeit vergleicht Goethe mit den entfesselten Elementen der Natur, die in ihrem »wüsten Gang« unsre »kolossalen Gegner« sind. Ebensowenig wie sie ist der Krieg böse, aber er ist furchtbar, er ist – »*Magie*«.

Den Zusammenhang zwischen dem Dämonischen und der Magie erklären wir am besten so, daß die Magie der Zugriff ist, mit dem sich der dämonische Mensch in den Besitz von Dingen und Kräften setzt, die dem Menschen ursprungsmäßig fremd sind (so Emrich in »Die Symbolik von Faust II«, 2. Aufl. S. 380). Mit der Magie überschreitet der dämonische Mensch das Maß, das er sich setzen muß, um nicht furchtbar zu werden. Goethe erblickte eine zentrale Aufgabe des Menschen darin, die Existenz mit dem Dämonischen in Einklang zu bringen. Dazu vermag ihm das *Maß* zu verhelfen. Und das Mittel der Mäßigung ist die Vernunft.[4]

Demgegenüber ist die moderne Einstellung zu den Dämonien vorwiegend negativ. Die Dämonen sind uns furchtbar. In dem Schaudern, das wir fühlen, wenn wir uns ihrer Macht bewußt werden, ist nichts mehr von jenem »Höchsten, wozu der

Mensch gelangen kann«. Statt dessen ist es gleich dem Blick in den Abgrund erfüllt mit Angst.

Andererseits mögen wir Goethe wieder näher gekommen sein als die Optimisten des Fortschrittsglaubens und die Positivisten des wissenschaftlichen Zeitalters: darin nämlich, daß wir die Macht des Dämonischen nicht mehr verkennen. Wir haben die Grenzen der Vernunft wieder eingesehen. Dies war die Lektion eines schrecklichen Anschauungsunterrichts. Wir sind skeptische Realisten im Umgang mit den Dämonien geworden. Jenes Sophokleische »Viel Unheimliches birgt die Welt / Allerunheimlichstes ist der Mensch!« (deutsch von Buschor) steht gleich einer Tafel über der Geschichte, die wir erlebt und gemacht oder mitgemacht haben. Fast will uns Goethes Verhältnis zum Dämonischen als ein Stadium der Unschuld erscheinen, wenn wir es mit den Schrecken der Dämonen vergleichen, die unser Zeitalter entfesselt hat.[5]

Das Ewig-Weibliche

Nichts ist klärender für Goethes Auffassung des Dämonischen als seine Idee des »Ewig-Weiblichen«. Liebe ist nach Goethe eine »bildende« Kraft. »So ist es die allmächtige Liebe, die alles bildet, alles hegt«, sagt der Pater Profundus. Daß diese Produktivität des Bildens ihrem Wesen nach weiblich ist und im Gegensatz steht zum »Immer strebend sich bemühn« des Mannes, wird durch ihre Herkunft von den »Müttern« erklärt: »Gestaltung, Umgestaltung, des ewigen Sinnes ewige Unterhaltung, umschwebt von Bildern aller Kreatur« – so schildert sie Mephisto. Und Faust: »Euer Haupt umschweben des Lebens Bilder, regsam, ohne Leben. Was einmal war, in allem Glanz und Schein, es regt sich dort, denn es will ewig sein.«

Hier spielen Goethes Lieblingsbegriffe Metamorphose und Entelechie hinein. Ohne Zweifel ist Eros unter den dämonischen Kräften, die durch den Menschen hindurchgehen, eine der mächtigsten. Goethe unterschied klar ihre weibliche und ihre männliche Ausdrucksart. Leidenschaft und Liebe sind polare Impulse, jener metaphysisch mit der Kategorie des Strebens verbunden, dieser in der gleichen Sublimierung mit der Kategorie der Gnade. Ist nun das Streben notwendig in die Zeitlichkeit gebunden, so ist die Gnade der Ewigkeit teilhaftig. Das ist eines der Geheimnisse der Mütter: »Des ewigen Sinnes ewige Unterhaltung«. Die Kräfte verzehren sich, die Bilder bleiben. Was immer strebend sich bemüht, mündet in das Bild, das je schon da war. Aus der Zeitlichkeit wird Faust, der Strebende, erlöst, wenn das Ewige, die Liebe, gnadenhaft »von oben« an ihm teilnimmt. Auch das Weibliche bedarf, wie die Stimmen der Büßerinnen zeigen, der Erlösung von den Erdenbanden: »Blicket auf zum Retterblick, alle reuig Zarten, euch zu seligem Geschick dankend *umzuarten*«. Jener »Erdenrest, zu tragen peinlich«, gehört auf beiden Seiten, der männlichen wie der weiblichen, zur »Zwienatur«, die nur »die ewige Liebe zu scheiden«, das ist: zu erlösen vermag.

Was wird in der Erlösung befreit? Ich glaube, wir dürfen es so bestimmen: das Bilden im Bildenden, das Streben im Strebenden. Beides zusammengenommen ist das Wirkende, das Dämonische. Das Wirken im Wirkenden ist das Stadium vor und nach jeder Verwirklichung. Was je verwirklicht wird, ist dem Wirken entzogen: es ist das Vergängliche, nur ein Gleichnis. Das Wirken ist als das Stadium vor und nach der Verwirklichung das Unzulängliche: es wird Ereignis, wenn es vom Zwang zur Verwirklichung erlöst wird.

Richten wir von hier aus den Blick zurück auf die Interpretation, die uns beschäftigt, so wird die Diskrepanz offensichtlich, die ihre (und das ist unsre) Auffassung des Dämonischen von der Goetheschen trennt. Der Mangel, der sich hier enthüllt, ist nicht ein Verfehlen der Interpreten, sondern eine Folge der Aktualisierung, in welcher sich ein Manko der Zeit enthüllt. Nicht dem Hamburger

»Faust« geht das Dämonische ab – es ist unsre Zeit, die das Dämonische schaudernd verneint.

Wer würde heute zu fordern wagen: wir müssen mit dem Dämonischen im Einklang, ja, in Freundschaft leben? Die Angst hat sich zwischen uns und die Mächte, vor denen wir unsre Ohnmacht erkennen, geschoben. Hatte das Jahrhundert nach Goethe die Dämonen verleugnet, verdrängt, verlacht, so sind diese nun über uns hergefallen mit der furchtbarsten Rache, deren das »Es« fähig ist. Wir sind ihnen gegenüber wieder Realisten wie Goethe, aber wir vermessen uns nicht, das Positive in ihnen, ihre Freundschaft zu suchen. So sehr sitzt der Schrecken noch in unsren Gliedern, der Schrecken des Erwachens, die Erkenntnis der Ohnmacht, der Quell der modernen Philosophien, welche die Konsequenzen aus der plötzlichen Konfrontation mit den Dämonen zu ziehen versuchen.

Wagen wir auch nur nach dem *Eros* zu fragen? Was ist aus Goethes Vorstellung vom Dämonischen der Liebe geworden? Wir feiern Humanität, Caritas, Gottesliebe: Sublimierungen ersetzen das Wirkende. Eros hat sich ins Private zurückgezogen. Mauern aus Scham trennen ihn von der Öffentlichkeit und der alten Verherrlichung. Wie heißt es doch bei Kafka: »Es war, als sollte die Scham ihn überleben . . .« Bei Goethe hatte es geheißen: »Das Ewig-Weibliche zieht uns hinan.«

Gretchen und Helena

Was ist aus den großen Liebenden geworden, mit denen Goethe seine Dichtung geschmückt hat? (Noch einmal: wir üben nicht Kritik, wir deuten ein Phänomen.) Das Hamburger Gretchen besitzt alle holden Eigenschaften der Passivität: Keuschheit, Scham bis zur Unberührbarkeit. Zum Mann scheint sie kaum ein Impuls zu führen. Was an Gretchen Kreatur ist (und was sie mit Rose Bernd gemeinsam hat), verwirklicht sich nicht mehr. Es ist unmöglich, daß sie weiß, wofür sie büßt, una poenitentium, denn sie weiß nicht, worin sie gesündigt hat. Diese Ratlosigkeit setzt sie jedoch in Stand, die Verzweiflung der Kerkerszene mit einer Wahrhaftigkeit zu spielen, in der sich die Darstellerin – Antje Weisgerber – mit allen Verzweiflungen des modernen Menschen identifiziert. Solche Schicksale haben viele moderne Schriftsteller geschildert. Die Schuldlosigkeit am Leiden ist eines der großen Themen unsrer Literatur. Gretchen ist zum Opfer geworden. So wird sie Anklägerin, Richterin. Nicht die Liebe hat sie in die Sünde und damit in die Verzweiflung getrieben, sondern das Schicksal jenseits des Eros, die den Dämonien je preisgegebene Existenz. Der Heiligenschein des Rührenden schwebt über ihr, wenn sie im letzten Bild die Worte spricht: »Der früh Geliebte, nicht mehr Getrübte, er kommt zurück.« Nun wird sie ihn lieben, wie sie einzig lieben kann: ein Engel den Engel.

Es gehört zu den Kühnheiten der Hamburger Aufführung, daß die Darstellerin des Gretchen auch die Helena spielt. Darin ist die Idee des Ewig-Weiblichen angesprochen, und von der Idee her läßt man sich gern überzeugen. Aber in der Verwirklichung tritt nun zu Gretchens Reduzierung die Reduzierung Helenas. Wie könnte diese Darstellerin Schönheit anders verkörpern als mit den Ingredienzien der Keuschheit, Zartheit, Schlichtheit? Aber Goethe sah Helenas Schönheit so dämonisch wie Gretchens Liebe. Mit der Strahlkraft der Verführung bringt sie »Not auf Not«, verwirrt sie die Welt, beschwört sie das Verhängnis im Glück, das Glück im Verhängnis. In dieser Aufführung ist Schönheit auf Passivität zurückgeführt; sie kommt der Dichtung am nächsten, wenn sie vergeht und sich ganz ins Ätherische entrückt.

Müssen wir nicht auch hier fragen: was ist denn Schönheit in dieser Zeit? Ist es nicht, als hätten wir das Idol des Total-Häßlichen an die Stelle des Goetheschen Idols gesetzt? Phorkyas ist unsre Helena! (Gründgens als Phorkyas – das war eine Entdeckung, eine Enthüllung: die inkarnierte Magie des Scheußlichen – ein Symptom unsrer Zeit.) Wo ist noch einer, der die Schönheit des Ewig-Weiblichen sieht oder malt oder besingt? Im Konturenzerfall des Impressionismus und in der Chromatik des »Tristan« scheint sie sich ganz und gar aufgelöst zu haben. Salome und Lulu übernahmen ihr Erbe. Sie betraten die Bühne zur gleichen Zeit, als die Dämonen auf der Weltbühne erschienen. Sie hatten das Negativ-Dämonische. Das war gestern. Heute ist Helenas Spur aus unsrem Frauenbild getilgt. Was unter anderem davon übrig ist, zeigt das »Fräulein von Kristall«, Mademoiselle Luft in Valérys »Mon Faust«: diese ist der personifizierte Charme, weil sie (nach des Dichters Worten) die personifizierte Entsagung ist. »Lernen Sie langsam auf jede Hoffnung verzichten«, sagt Fräulein Luft dem Schüler, der sie nicht minder vergeblich, das ist entsagend liebt. Das könnte auch Claudels Proëza gesagt haben (im »Seidenen Schuh«). Eros ist der Verwirklichung entzogen. Schönheit wird nicht mehr gerühmt. Einer schrieb, sie sei des Schrecklichen Anfang: da hatte sie sich schon ins Unsägliche entrückt. Wo immer sich Schönheit noch zeigt, ist sie in weite Fernen verlegt; oder sie ist durch die Verwandlung in Geometrie (Mondrian) des Wirkenden beraubt, das uns zwingt, die Passivität zu verlassen. Sie »bildet« nichts mehr. Wie weit hat sich diese Zeit abgewandt von Goethe!

Was ist uns Faust? Wie sehen wir Mephisto?

Und doch wurde gesagt, daß wir auf dem Weg über die Diskrepanz im Dämonischen der Wahrheit über Faust selbst näher gekommen seien als die Generation vor uns. Wir fragen weiter:

Was ist uns Faust, wenn er nicht mehr der faustische Mensch ist? Wie sehen wir ihn, da wir uns selbst nicht mehr als die Menschen eines faustischen Zeitalters fühlen? Schon die Wiederherstellung des Spiels hat Distanz zwischen ihn und uns geschoben. In die Betrachtung des »immer strebend sich Bemühenden« mischen sich Skepsis und Ironie. Niemand wird bestreiten, daß diese beiden Haltungen als Eigenschaften der Goetheschen Faustgestalt völlig abgehen. Faust hat ja auch keinen Humor – sehr im Gegensatz zu Mephisto. Nun aber die entscheidende Frage: kann man behaupten, daß Goethe selbst das nicht gehabt hat: Humor, Ironie, Skepsis, also letztlich Distanz? Hier, meine ich, sind wir Goethe näher gekommen, weil wir uns von Faust entfernt haben. Und das ist vielleicht der denkwürdigste Eindruck der Hamburger Aufführung, daß sie uns auf ihrem Höhepunkt, in den Szenen von Fausts Tod und Grablegung, die tiefe Skepsis bewußt macht, mit der Goethe selbst den Faust in der Weisheit letztem Schluß gesehen hat und gesehen wissen wollte.

Wenn diese Aufführung zuweilen den Anschein gab, als ob nicht Faust, sondern Mephisto im Mittelpunkt stünde, so sollten wir uns hüten, daraus ein künstlerisches Urteil abzuleiten. Gewiß, die beiden Schauspieler-Persönlichkeiten, die einander hier als Faust und Mephisto gegenüberstanden, sind von ungleichem Rang. Der Emanation des Genialen gegenüber bleibt die Emanation des Strahlenden im Nachteil. Aber in unser Verhältnis zu Faust mischen sich unkontrollierbare Emotionen. Seit wir uns nicht mehr a priori mit Faust identifizieren, seit wir also selber keine Fauste mehr sind oder zu sein wünschen, hat sich für uns die Figur unmerklich aus dem Mittelpunkt verschoben. Und im gleichen Maße ist Mephisto nach vorne gerückt.

Diese Gewichtsverschiebung ist so wenig ein künstlerisches Kriterium der Hamburger Aufführung, daß wir sie in der neueren Theatergeschichte des »Faust« geradezu als zwangläufige Entwicklung ablesen können. Noch für Sonnenthal und Matkowsky war es selbstverständlich, was sie zu spielen wünschten: den Helden, Faust. Aber schon Mitterwurzer und Kainz hatten den Mephisto vorgezogen. Mitterwurzers Mephisto war eine Sensation der Zeit, eine Provokation, die erbitterten Widerspruch auslöste und erst allmählich die Zustimmung bei Publikum und Kritik fand: dieser Schauspieler hatte es als erster gewagt, den Mephisto als »zum mindesten ebenbürtige Gestalt« (wie es in einer Kritik des Jahres 1894 heißt) neben Faust zu stellen. Bei Kainz hatte sich das Interesse schon eindeutig nach der Seite des Teufels verlagert. Und Faust verlor die Mitte. Warum? Das Publikum verlangt vom Helden, daß er die Mitte aus eigener Kraft in Besitz nehme – wer sollte dazu von einem Dichter mehr instandgesetzt sein als der »immer strebend sich Bemühende«? Aber eben diese Aktivität, die sich nicht aus dem Pathos eines erhabenen Zieles oder eines moralischen Engagements entwickelt, sondern gleichsam aus sich selber, aus der puren Lebensunruhe, aus der Ungenügsamkeit und Unersättlichkeit ihren Antrieb zieht, wurde den Schauspielern mehr und mehr verdächtig. Von Eduard von Winterstein schrieb Herbert Ihering 1919, daß er einen »umschatteten«, einen »menschlich leidenden Faust« gegeben habe, »dessen Tragik weniger das Nichtwissen eines Wissensbedürftigen als das Nichtruhefinden eines Ruhebedürftigen ist«. Bei Friedrich Kayssler überwog die grüblerische Komponente. Paul Hartmann gab der Rolle noch einmal Konturen, wie sie dem Helden zukamen; aber es war ein Held ohne dämonische Züge, und darauf kommt es an. Goethe sah den Faust weniger als faustischen denn als dämonischen Menschen; und er sprach dem Mephisto das dämonische Wesen ab. Aber in der »Faust«-

Bühnengeschichte der letzten Jahrzehnte verlor Faust im gleichen Maße das Dämonische, wie es Mephisto an sich riß. Für Bassermann kam selbstverständlich nur noch der Mephisto in Frage (obwohl er den Egmont, den Hamlet und den Tell gespielt hat, also die Helden Sonnenthals und Matkowskys). Werner Krauß, der beide Rollen spielte, »spielte« beide: sie waren ihm mehr Rollen als Figuren.

Will Quadflieg, dem in Hamburg das Los zufiel, in einer Zeit, welche den Helden mißtraut, den Helden zu spielen, besitzt die Konturen der Figur wie kaum ein anderer auf den Bühnen unsrer Tage. Die Regie stellte ihn stets in die Mitte der Szene. Er war zentral, aber er war es in der Passivität, welche die Zeit dem Helden überhaupt und diesem besonders auferlegt hat. Einer unsrer jüngeren Dramatiker erklärte vor kurzem, es gebe keine Helden mehr. Brecht läßt seinen Galilei sagen: »Unglücklich das Land, das Helden nötig hat.« In Becketts »Helden« ist jede Aktivität erloschen. Aber in eben dieser Passivität rückt Faust als Figur den Menschen, die dem Helden mißtrauen, wieder näher. Eine neue Identifikation, unter völlig anderen Zeichen, bereitet sich vor. Sie setzt voraus, daß Faust entdämonisiert wurde. Ehe wir darauf zu sprechen kommen, müssen wir nur noch ein Wort über die Dämonisierung des Mephisto sagen.

Die Genialität des Schauspielers Gründgens, der die Rolle in den verschiedenen Stadien seiner künstlerischen Laufbahn sehr verschieden interpretiert hat, erweist sich darin, daß es ihm in der Hamburger Inszenierung gelang, die Dämonie aus erster Hand, die des gefallenen Engels (als den schon Kainz den Mephisto gespielt hatte) abzulegen, sich in den Mantel der Lustigen Person zu hüllen, Harlekins Hut aufzusetzen und dennoch alle Dimensionen des Satanischen auszuschreiten. Dieser Mephisto war nicht mehr auf einen Mythos abstrahiert, er war die Personifikation des *Anti-Helden*, der eine so ungeheure Anziehungskraft auf den Zeitgenossen der Kriege und Katastrophen ausübt. In ihm setzten sich Skepsis und Ironie als Eigenschaften frei: der negative Geist gewann die einzige Form von Selbstherrlichkeit, die sich der moderne Mensch noch leisten zu können glaubt. Indem er sich der Welt und der Geschichte gegen-über als Komödiant verhält, der mit dem Bösen spielt, zu dem man ihn zwingt, setzt er sich über die Zwangsläufigkeiten hinweg. Das Höllengelächter wird dämonisch, weil es sich der Menschlichkeit entschlägt. Die Dimension, in der diese Dämonie vom Komödiantischen (von der Lustigen Person) her entwickelt ist, gibt dem Hamburger Mephisto eine Spannweite, wie sie die Figur kaum je zuvor besessen haben dürfte. Die Genialität, die sich hier kundgibt, ist um so bewunderungswürdiger, als es ihr gelingt, die Figur in einer letzten Steigerung noch über diese Dimension hinaus zu reißen und damit die Goethesche Deutung gegen die Zeitmentalität wiederherzustellen. In der Szene der Grablegung, auf die wir gleich zu sprechen kommen, entledigt sich dieser Mephisto Zug um Zug der Dämonie. Er sinkt ins Jämmerliche herab. Er wird erbarmungswürdig. Er fügt sich der allgemeinen Tragik, die selbst das Hohngelächter erstickt.

Die Wiederherstellung der Tragödie

In der Tat hat die Hamburger Inszenierung den »Faust« als Tragödie wiederhergestellt. Und es ist bezeichnend, daß sie darin, unbewußt und selbständig, den neueren Kommentaren folgt.[6]

Die Szenen des fünften Akts, beginnend mit der Philemon-und-Baucis-Episode, sind als eine einzige, unerbittliche Zuspitzung des Tragischen angelegt, in das Faust am Ende seiner Laufbahn eingetreten ist. Wie sehen wir ihn hier? Als Hundertjährigen auffahrend im Zorn, weil er vom »verdammten Läuten« des Glöckchens auf der Düne verdrossen ist. Ein Hundertjähriger, der wegen solcher Nichtigkeit im Zorn auffährt – kann das ohne Ironie erfunden sein, und steht es nicht in unverkennbarem Bezug zu den Morgenglocken in der ersten Szene der Tragödie? Die gewaltigen Gesellen treten auf: sie sind in der Hamburger Inszenierung radikal dämonisiert, im negativen Sinn natürlich: sie erscheinen hautlos, wie Menschenmodelle aus dem Anatomielehrbuch, entsetzliche Fratzen, Roboter aus nichts als Fleisch und Blut. Und Faust, nicht achtend der Güter, die hereingetragen werden (obwohl doch auch sie ein Teil seines zivilisatorischen Wirkens sind), ergeht sich weiter in mürrischem Ärger. Auf seinen Befehl wird das Gütchen der Alten verbrannt, und auch das »verdrießt« ihn nur erneut. »Geboten schnell, zu schnell getan« – so lautet das Stichwort für den Auftritt der vier grauen Weiber, wozu noch ein Paralipomenon erwähnenswert ist: »Grad im Befehlen wird die Sorge groß.«

Die Sorge! Sie erscheint riesengroß; aller Blicke richten sich auf sie – wer kennte sie nicht? Wie könnten wir Faust, der sie von sich weist, anders verstehen denn als Toren, der sich in Utopien verliert, in der blinden Illusion, während sie, die Sorge, zum Schlag in die graue Wirklichkeit ausholt? Faust erblindet. Warum erblindet er? Alles ist hier symbolisch: weil er verblendet in eine Zukunft schaut, die sich niemals verwirklichen wird. Niemals wird im »paradiesischen Land auf freiem Grund ein freies Volk« sich tummeln, und auf keinen Fall nach den Methoden, mit denen es dieser vorweggenommene Diktator zu schaffen willens ist: »Vom Lager auf, ihr Knechte! Mann für Mann!« Und: »Bezahle, locke, presse bei!«

Die tiefste Schwärze der tragischen Ironie wird erreicht, wenn Faust das Graben der Lemuren für das »Geklirr der Spaten« hält, das ihn ergötzt: »Es ist die Menge, die mir frönet!« Ihm »Übermenschen«, ihm »Ebenbild der Gottheit«! Ja, nun glaubt er geworden zu sein, woran er einst verzweifelt war. Er glaubt es – wir wissen nun, was der Dichter davon hält. Hätte er ihm eine so große Zahl negativer Worte in den Mund gelegt, wenn er ihn im letzten Stadium zur »höchsten, reinsten Tätigkeit« hätte erheben wollen? In der Hamburger Inszenierung meldete sich unüberhörbar die Erinnerung an die einzige Szene, in der Faust wirklich von Menschen in menschlichem Kontakt umgeben war: an den Osterspaziergang. Mag die humane Tätigkeit, von der dort die Rede ist, noch so fragwürdig gewesen sein, – sie ist im Spiegel der Dankbarkeit der Menschen positiver gewertet als dies Paradies der Diktatur, das ein total Vereinsamter in der eisigen Kälte des Alters mit den Methoden des Terrors zu verwirklichen wähnt.

»Noch hab ich mich ins Freie nicht gekämpft«, gesteht Faust selbst, worauf die entscheidenden Worte folgen: »Könnt' ich Magie von meinem Pfad entfernen, die Zaubersprüche ganz und gar verlernen, stünd' ich, Natur, vor dir *ein Mann allein*, da wär's der Mühe wert, ein Mensch zu sein.« Aber ist er nicht eines Nachts, ehe er den Teufel rief, als Mann allein vor dem Geist der Natur gestanden, und war er dort nicht zurückgestoßen worden »ins ungewisse Menschenlos«? Ich weiß nicht, ob die Rückbeziehung dieser letzten Szenen der Tragödie auf die ersten, die sich in der Hamburger Inszenierung immer wieder aufdrängte, schon ernst genug genommen worden ist. Klingen diese Verse aus dem großen Monolog des ersten Teils nicht unüberhörbar nach der Weisheit letztem Schluß?

Ach! unsre Taten selbst, so gut als unsre Leiden,
Sie hemmen unsres Lebens Gang.
Dem Herrlichsten, was auch der Geist

                          empfangen,
Drängt immer fremd und fremder Stoff sich an;
Wenn wir zum Guten dieser Welt gelangen,
Dann heißt das Beßre Trug und Wahn.
Die uns das Leben gaben, herrliche Gefühle,
Erstarren in dem irdischen Gewühle.
Wenn Phantasie sich sonst mit kühnem Flug
Und hoffnungsvoll zum Ewigen erweitert,
So ist ein kleiner Raum ihr nun genug,
Wenn Glück auf Glück im Zeitenstrudel

                          scheitert.

Die *Sorge* nistet gleich im tiefen Herzen,
Dort wirket sie geheime Schmerzen,
Unruhig wiegt sie sich und störet Lust und
                                 Ruh;
Sie deckt sich stets mit neuen Masken zu,
Sie mag als Haus und Hof, als Weib und Kind
                                 erscheinen,
Als Feuer, Wasser, Dolch und Gift;
Du bebst vor allem, was nicht trifft,
Und was du nie verlierst, das mußt du stets
                                 beweinen.

So schließt sich der Kreis. Neues Licht fällt von diesen Versen, die weder im »Urfaust« noch im »Fragment« stehen, also zu einer Zeit geschrieben sein müssen, in der das Ende schon in Sicht war, auf das faustische Idol, auf den faustischen Menschen. Wo ist Faust eigentlich tätig, in dem Sinne, wie ihn das Idol sieht? Gretchen gegenüber, auf dem Blocksberg, im Mummenschanz, in der Überwältigung durch die Schönheit, die ihn zu den Müttern treibt, im Verlust dieser Schönheit? Überblicken wir die ganze Tragödie, so setzt Fausts »Tätigsein« in dem Moment ein, in dem er Macht und Besitz zu erstreben beginnt. Sollen wir so das sonderbare Wort zu Eckermann verstehen, wonach in Faust »eine immer höhere und reinere Tätigkeit bis ans Ende« sei? (Ich bin immer versucht gewesen, den

Wortlaut dieser Stelle für ein Mißverständnis des dafür anfälligen Partners zu halten.) Wären hier aufwärts steigende Stufen im Sinn einer Wertskala gemeint, so müßte Goethe Macht und Krieg über der Schönheit angeordnet haben. Dazu halte man das Paralipomenon 221: »F. Umwendung zum Besitz. Gewalt.«

Goethe hat oft gesagt, tätig sein sei alles. Im Tätigsein nehme der Mensch Anteil am allgemeinen Wirken der Kräfte. Aber eben nur, wenn er sich in diese Kräfte *fügt*, die durch ihn wie durch die Natur hindurchgehen, bleibt er im Rahmen des »Rechten«, daß heißt dessen, »was ihm *gemäß* ist«. Auf der anderen Seite ist nichts verderblicher, als wenn sich, wie es in »Dichtung und Wahrheit« heißt, »der zur Tätigkeit geborene Mensch im Planen übernimmt und mit Arbeiten überladet«. Ist nicht gerade das der Fall bei Faust? In den »Maximen und Reflexionen« steht der Satz: »Unbedingte Tätigkeit, von welcher Art sie sei, macht zuletzt banquerott.« Worauf ist Fausts Blick gerichtet? Auf eine Zukunft, in der es gelingen sollte, durch unbedingtes Planen paradiesische Verhältnisse herzustellen. Nun halte man daneben, was Goethe in den vielzitierten Stellen über diese Zukunft zu Eckermann geäußert hat. Das geht von der Heraufkunft der Barbarei bis zur eschatologischen Vision: »Ich sehe die Zeit kommen, wo Gott keine Freude mehr an ihr (der Welt) hat, und er abermals alles zusammenschlagen muß zu einer verjüngten Schöpfung« (23. Oktober 1828). So dachte Goethe über Fausts Tätigkeit. Worauf es ihm ankam, war: zu zeigen, daß Faust hier wie überall seiner *Maßlosigkeit* erlag und an dieser Maßlosigkeit hier wie überall scheitern mußte.

Nietzsche sagt einmal: »Ein Homer hätte keinen Achill, ein Goethe keinen Faust gedichtet, wenn Homer ein Achill und Goethe ein Faust gewesen wäre.« Die Tage von »Wanderers Sturmlied« sind fern. Schon in den Entwürfen zum zweiten Teil muß sich die Position neu gebildet haben: die Distanz vom Treiben der Menschen, *des* Menschen, der Blick aus der Warte dessen, der tiefer sieht und das Ganze überblickt, die Transposition des Selbstbekenntnisses in das Bei-Spiel. Um die Dimension zu ermessen, die Goethe im Alter von Faust trennt, vergegenwärtige man sich die Bedeutung des 151. Paralipomenon: »Faust hat immer etwas Widerwärtiges.« Und man vergleiche damit die Verse, die schon E. R. Curtius im gleichen Sinn herangezogen hat:

Genieße mäßig Füll und Segen;
Vernunft sei überall zugegen,
Wo Leben sich des Lebens freut.
Dann ist Vergangenheit beständig,

Das Künftige voraus lebendig,
Der Augenblick ist Ewigkeit.

Faust, der dem Augenblick kein Verweilen gönnt, ist das Sinnbild des maßlosen Menschen geworden, der, vom dämonischen Streben besessen, in allen Versuchen, Erstrebtes zu verwirklichen, scheitert. Darin ist nicht Schuld. Nur die Sorge hat Zutritt. Das Streben als solches ist der Erlösung würdig. Aber die Verwirklichungsversuche vernichten gerade das Erlösungswürdige: die Reinheit des Strebens. In dieser Erkenntnis liegt Goethes späte Skepsis gegenüber der Existenz, in die wir gebannt sind.

Oben wurde gesagt: Das Unzulängliche werde Ereignis, wenn es vom Zwang zur Verwirklichung erlöst werde. Dem muß jetzt hinzugefügt werden: es gibt im Irdischen kein Wirken ohne diesen Zwang. Daher ist gerade der Mensch, in dem das Dämonische wirkt, in besonderem Maße tragisch. Wirken und Scheitern sind zusammengebundene Polaritäten seiner Existenz. Nur wer Maß genug besitzt, das Wirken einzuschränken, vermag auch das Scheitern einzuschränken. Je mehr das »Künftige«, also das über den Augenblick Hinausgreifende, zum Ziel des Wirkens gemacht wird, desto erbarmungsloser ist das Schicksal des Scheiterns.

Epilog

Ziehen wir das Fazit der Aktualisierung, die uns der Hamburger »Faust« bis hierher vor Augen geführt hat! Zwischen Faust und uns ist die gleiche Distanz wie zwischen dem späten Goethe und Faust. Das Leben des »Helden« zieht an uns vorüber als das Leben eines Menschen, dem – auf das Ganze gesehen – Ähnliches geschieht wie jedem von uns. Am Ende wird Faust wie einer von uns. Diese neue Identifikation entspringt der Einsicht in das Scheitern. Fausts Welt wird, wenn wir sie aus der Zeit- und Stoff-Bedingtheit ebenso herausheben wie aus den Projektionen, die frühere Generationen in sie hineingesehen hatten, der unsrigen sehr ähnlich: von Dämonien umgeben und durchwirkt sucht ein Mensch seinen Weg; mit wachsender Skepsis schauen wir seinen Unternehmungen zu; so wie deren Ausgänge sich uns darstellen, zwingen sie uns zu eindeutiger Bilanz: alles Streben, alle Tätigkeit erscheint im Hinblick auf die Möglichkeit, etwas zu erreichen und darauf weiter zu bauen, als vergeblich. Faust ist mehr Objekt als Subjekt, mehr Spielball als Spieler. An seinem Grab greift Satan nach seiner Seele. Aber was ist noch von Satan geblieben? Wo ist der, dem er dient, dem er als Einzigem sein Geisterdasein verdankt: Wo ist Gott?

Schneidend fahren die Engelschöre nieder, gleich klingenden Schwertern, die den Teufel in die Knie zwingen. Flattert irgendwo irrend die Seele, flattert sie auf dem Rücken streitender Mächte, flattert sie gar empor? Wer weiß das zu sagen ... Uns packt die Tragik, in die selbst Mephisto hineingerissen wird, er, der Gefoppte, der vergeblich Protestierende: »Bei wem soll ich mich nun beklagen? Wer schafft mir mein erworbnes Recht?« Der Teufel ist sinnlos geworden, weil sich der Partner der Wette nicht mehr meldet. In dem Koordinatensystem zwischen Himmel und Hölle, das im Prolog zu Beginn des Spiels aufgerichtet war, hat sich, während die Tragödie an uns vorüberzog, etwas verändert.

Auch die Ursprungssituation scheint aufgehoben. Jetzt, da die Wette zu Ende ist, müßte doch das alte Bretterpodium wieder aufgeschlagen sein und darauf Gottvater dem Satan gegenübertreten. Aber nichts davon, noch nichts davon, und wenn es dann doch noch aufgeschlagen wird, ist Satan verschwunden und Gott tritt nicht mehr auf. Jetzt, in diesem »Jetzt und hier« am Grab, am Ende, an der Tragödie letztem Schluß, ist in Hamburg alles weggeräumt. Im Dunkel erkennen wir das nackte Bühnenhaus, aufgerissen bis in die hintersten Mauern, mit dem Gestänge ringsum, den Drähten und Brücken, darin Mephisto (in der gewaltigsten

Szene, die Gustaf Gründgens je gespielt hat), gehetzt von den Chören und den Scheinwerfern, schreiend und anklagend – es ist, als hätte er *unsre* Frage übernommen: Wozu das Ganze? Wo ist der Sinn? Wo bleibt der, der das Ganze angerichtet hat und dem Ganzen allein ein Ende setzen kann, ein Ende nämlich, das dem Anfang antwortet und den Bogen schließt?

Dunkel, und wieder Licht. Mit glaubenslosem Staunen erblicken wir das letzte Bild. Ja, da ist der Anfang, der das Ende setzen könnte: der Himmel ist aufgebaut wie auf einem mittelalterlichen Bild. Unter den Anbetenden erkennen wir Gretchen, una poenitentium, erkennen wir Faust, Doctor Marianus. Wie anders ist nun das Bild des Himmels als zu Anfang. Haben diejenigen recht, die sagen, dieser ganze seraphische Schluß sei nichts als ein Mäntelchen aus schönem Schein, mit dem der Dichter die Verzweiflung vor den Zuschauern verdecken wollte?

Sie haben nicht recht. Aber wir haben es schwer, Goethe zu folgen, zumal in dieser Inszenierung, welche wie die Zeit, der sie mit so hohem Ernst ihre Entscheidungen abgerungen hat, jenen Kräften nicht zur Verwirklichung verhelfen konnte, denen Goethe in der Weisheit letztem Schluß vertraut hat. Im Dämonischen – so sah der Dichter Faust und das Leben auf dieser Welt – sind göttliche Kräfte, nicht nur teuflische, wie wir es sehen; im Dämonischen wirkt Gott. Der Gedanke, daß das Streben selbst, das Wirken, als Entelechie, nicht im gleichen Maße vergänglich ist wie die Verwirklichungen, wie das dem Streben Erreichbare, ermöglicht dem Dichter eine Überwindung der Skepsis: was im Irdischen scheitert, ist damit noch nicht im Kosmischen verloren. In jeder Entelechie, heißt es, ist »ein Stück Ewigkeit«. So können Erbarmen und Aufschwung die letzten Verse erfüllen. So sind sie mehr als ein Schleier aus schönem Schein: der Abglanz einer Göttlichkeit, die uns hinanzieht, der Fingerzeig eines Großen, der uns ein Leben, Fausts Leben, unser aller Leben deutet. Sehen wir, wohin der Finger weist? Können wir ihm folgen?

Totus mundus agit histrionem – tua res agitur. Das sind die Pole großer Schauspielkunst. Zwischen diesen Polen ist der Hamburger Faust ausgespannt. Mit dem rigorosen Willen, den Faust richtig zu zeigen, zeigte er uns mehr als das: Faust für uns. Und in seiner kühnen Strenge gelangte er zu jenem Augenblick, in dem das Theater, gleich aller großen Kunst, umschlägt, in dem nicht mehr das Schauspiel der Spiegel ist, worin wir uns betrachten, sondern wir der Spiegel sind, in dem sich das Schauspiel betrachtet: Was sind wir für Faust, so lautet dann die Frage, und wir vernehmen darin die andere, tiefere: wie sehen uns Goethes Augen?

Das mag, mit Goethe zu sprechen, jeder für sich abmachen. »Er wird dann sogar mehr finden als ich geben konnte.«

Anmerkungen

1 Wohin die radikale Identifikation in der vergangenen Generation führen konnte, zeigt Alfred Kerrs »Faust II«-Kritik (»Die Welt im Drama«, herausgegeben von Hering, S. 578 ff), in der, mit Vorbehalt, Ibsen über Goethe gestellt wird, als der zwar kleinere Dichter, welcher jedoch die größere, weil zeitnähere Wahrheit gefunden habe. Diese Kritik ist am 23. Januar 1933 geschrieben.

2 Über die Metapher vom theatrum mundi hat E. R. Curtius in »Europäische Literatur und Lateinisches Mittelalter« (S. 148 ff) Entscheidendes gesagt, freilich ohne der Position zu gedenken, die der »Faust« zwischen Calderons und Hofmannsthals Welttheater einnimmt.

3 Paul Valéry ist in »Mon Faust« bei dem Versuch, Faust und Mephisto in die Neuzeit zu versetzen, auf eine ähnliche Deutung gestoßen: die modernen Menschen, sagt sein Faust, »haben sich endlich an die Untergründe der Schöpfung herangewagt, sie haben im Innern der Körper, und gleichsam jenseits ihrer Wirklichkeit das alte Chaos wiedergefunden«. Bestürzt entgegnet des Chaos' vielgeliebter Sohn: »Das Chaos . . . jenes, das ich gekannt habe? Das ist nicht möglich.«

4 Vgl. Jaspers »Psychologie der Weltanschauungen«, 4. Aufl., S. 193 ff.

5 Lehrreiche Aufschlüsse darüber gibt ein Vergleich des Goetheschen »Faust« mit Thomas Manns »Doktor Faustus«. In diesem ist tödlicher Ernst gemacht mit der den meisten »Faust«-Kommentaren zugrunde gelegten Ansicht, daß Faust und Mephisto die gleiche Person seien, nämlich eben Goethe mit den berühmten zwei Seelen in einer Brust. Bei Thomas Mann kriecht das Teuflische förmlich in den genialen Menschen Leverkühn hinein. Es treibt ihn in den Wahnsinn. Dasjenige, was an ihm genial = dämonisch ist, ist zugleich das Teuflische. Welch eine Entfernung von Goethes Ansicht, daß Mephisto nicht dämonisch ist, und daß daher auch das Dämonische nicht teuflisch sein kann! Thomas Mann läßt das Faustische im Spiegel des Bürgerlichen

erscheinen. Tatsächlich ist die Relation Genie – Bürger mit der darin enthaltenen Anbetung des Dämonischen durch den Bürger charakteristisch für das neunzehnte Jahrhundert und den Beginn des zwanzigsten (Wagner!). Die Ängste, die sich in Thomas Manns Roman dazugesellt haben, sind symptomatisch für den Rückschlag, der etwa um 1910 eingetreten ist. Daß sie nicht bis zur Konsequenz der Einsicht in die Fragwürdigkeit des alten Geniebegriffs durchschaut worden sind, erklärt meines Erachtens die künstlerische Problematik des »Doktor Faustus«. Die bürgerliche Auffassung von der Vernunft, die plötzlich des Dämonischen inne wird und sich schaudernd von ihm abwendet, überspitzt sich in dem ungeheuerlichen Satz »Du sollst nicht lieben!« Wie auffallend, daß dieser Imperativ fast übereinstimmt mit dem zentralen »Hütet euch vor der Liebe!« in Valérys »Mon Faust«! Vgl. darüber Bernhard Blume »Thomas Mann und Goethe«, 1949, S. 116 ff., Erich von Kahler »Verantwortung des Geistes«, 1952, S. 143 ff., Günter Blöcker »Die neuen Wirklichkeiten«, 1957, S. 345 ff.

6 Mehr und mehr werden die positiven Deutungen, wie wir sie etwa in Ortegas bekanntem Essay »Um einen Goethe von innen bittend« oder in Beutlers Kommentar in der Sammlung Dieterich finden, von skeptischeren Auffassungen verdrängt. Bernhard Blume (»Thomas Mann und Goethe«, S. 139 und 155) sieht darin wie wir ein Zeitsymptom. Schon H. A. Korff (»Geist der Goethezeit« IV, S. 689 ff.) hat überaus eindrucksvoll die tragischen Aspekte der letzten Szene des »Faust II« hervorgehoben: die »zunehmende Verdüsterung, der sinnbildhaft die äußere Verdunkelung parallel geht«. Über »Faust und die Sorge« hat Max Kommerell (»Goethekalender« 1939, S. 89 ff.) Wichtiges gesagt; keineswegs teilen wir hier Emrichs Widerspruch (in »Die Symbolik des Faust II«, 2. Aufl., S. 396): Fausts eigene Bedenklichkeit im Rückblick auf das von ihm bis da mehr oder weniger gedankenlos »durchstürmte« Leben ist unverkennbar; unverkennbarer noch die Goethesche Ironie gegenüber Fausts Selbstvertrauen in der nun erreichten Station. – Vgl. auch Emil Staiger »Goethe« III, S. 429 f.

Bilder der Hamburger Aufführung
1957/1958
von Rosemarie Clausen
ausgewählt von Günther Penzoldt

Personen:

Faust · Will Quadflieg

Mephistopheles · Gustaf Gründgens

Gretchen, Helena · Antje Weisgerber

Marthe Schwerdtlein · Elisabeth Flickenschildt

Sorge · Maria Becker

Der Herr, Chiron · Hermann Schomberg

Wagner · Eduard Marks

Schüler · Uwe Friedrichsen

Famulus · Heinz Reincke

Hexe · Gustl Busch

Kaiser · Sebastian Fischer

Knabe Lenker · Volker Brandt

FAUST

der Tragödie erster und zweiter Teil

von

Johann Wolfgang Goethe

Inszenierung: Gustaf Gründgens

Ausstattung: Teo Otto

Das Spielpodium der Hamburger ›Faust‹-Aufführung
Entwurf Teo Otto

← Prolog im Himmel
Mephistopheles

↑ Prolog im Himmel
Der Herr, die Erzengel, Mephistopheles

↑ Osterspaziergang
Wagner, Faust, Bauern

↑ Studierzimmer
Mephistopheles, Schüler

Straße →
Mephistopheles, Faust

Kerker. Gretchen, Faust

Thronsaal
Kaiser, Mephistopheles

Mummenschanz. Gärtnerinnen

↑ Mummenschanz
Faust als Plutus, Knabe Lenker

Finstere Galerie →
Mephistopheles, Faust

↑ Studierzimmer
Mephistopheles, Famulus

Laboratorium. Wagner, Mephistopheles →

Klassische Walpurgisnacht. Faust →

Nordische Walpurgisnacht. Faust, Gretchen

Klassische Walpurgisnacht. Faust

Vor dem Palaste des Menelas →
Mephistopheles als Phorkyas

← Klassische Walpurgisnacht
Faust, Chiron

← Klassische Walpurgisnacht
Sirenen, Phorkyaden, Mephistopheles

↑ Vor dem Palast des Menelas
Helena, Phorkyas

Gretchen →

Helena →

↑ Nächtlicher Raum
Faust, Sorge

Grablegung. Mephistopheles →
folgende Bilder

»Die Deutschen sind übrigens wunderliche Leute! – Sie machen sich durch ihre tiefen Gedanken und Ideen, die sie überall suchen und überall hineinlegen, das Leben schwerer als billig. – Ei, so habt doch einmal die Courage, euch den Eindrücken hinzugeben, euch ergötzen zu lassen, euch rühren zu lassen, euch erheben zu lassen, ja euch belehren und zu etwas Großem entflammen und ermutigen zu lassen; aber denkt nur nicht immer, es wäre alles eitel, wenn es nicht irgend abstrakter Gedanke und Idee wäre!

Da kommen sie und fragen, welche Idee ich in meinem ›Faust‹ zu verkörpern gesucht. Als ob ich das selber wüßte und aussprechen könnte! – . . . daß der Teufel die Wette verliert, und daß ein aus schweren Verirrungen immerfort zum Besseren aufstrebender Mensch zu ›erlösen‹ sei, das ist zwar ein wirksamer, manches erklärender guter Gedanke, aber es ist keine ›Idee‹, die dem Ganzen und jeder einzelnen Szene im besonderen zugrunde liege . . .

Es war im ganzen nicht meine Art, als Poet nach Verkörperung von etwas ›Abstraktem‹ zu streben. Ich empfing in meinem Innern ›Eindrücke‹, und zwar Eindrücke sinnlicher, lebensvoller, lieblicher, bunter, hundertfältiger Art, wie eine rege Einbildungskraft es mir darbot; und ich hatte als Poet weiter nichts zu tun, als solche Anschauungen und Eindrücke in mir künstlerisch zu ründen und auszubilden und durch eine lebendige Darstel-

lung so zum Vorschein zu bringen, daß andere dieselbigen
Eindrücke erhielten, wenn sie mein Dargestelltes hörten
oder lasen.«

Gespräch mit Eckermann, 6. Mai 1827

Gustaf Gründgens
Meine Begegnung mit Faust

Als ich vor vierzig Jahren im Saarbrückener Saalbau zum erstenmal den Schüler im »Faust« spielen durfte, war das meine erste Begegnung mit dem Werk überhaupt. Ich war achtzehn Jahre alt und hatte mit dem Theater bis dahin nichts zu tun gehabt. Ich weiß auch von dieser Aufführung nichts mehr, nur muß mich der Mephisto als Rolle sehr beeindruckt haben, denn sonst hätte ich nicht ein halbes Jahr später im Hotel »Ritter Bodo« in Thale im Harz im Rahmen eines etwas hochgestapelten Vortragsabends die drei ersten Szenen des Mephisto dargeboten.

Auch von meiner ersten Darstellung der Rolle des Mephisto, den ich in Kiel Ostern 1922 einmal kurzfristig übernehmen durfte, ist mir so gut wie nichts mehr in Erinnerung. Meine erste bewußte Beschäftigung mit dem Gesamtwerk geschah erst 1932, als ich bei dem damaligen Generalintendanten der Preußischen Staatstheater, Tietjen, einen Vertrag unterzeichnete, der mich neben einer Operninszenierung entweder für die Regie oder die Darstellung des Mephisto in den beiden »Faust«-Teilen verpflichtete. Ich entsinne mich noch meines Unbehagens, als Tietjen mich fragte: »Werden Sie die klassische Walpurgisnacht spielen oder werden Sie

sie streichen?« – Ich hatte »Faust II« bis dahin noch nicht gelesen.

Zu meinem Glück entschied man sich, daß ich den Mephisto spielen sollte, und so inszenierte Lothar Müthel den ersten Teil des »Faust« und Gustav Lindemann den zweiten Teil. Viel Grundlegendes zu meinem Mephisto verdanke ich Lothar Müthel und viel Werner Krauß, der eine sehr feste Vorstellung von der Partnerschaft der beiden Hauptfiguren hatte und das Aggressive, Aktivistische, das den Faust Überrennende, das meinem ersten Mephisto angehaftet haben soll, geradezu provozierte. Er war völlig besessen von der Idee, Faust als eine Marionette in den Händen Mephistos zu wissen. Ich erinnere mich im einzelnen, ihn, nachdem er eingeschläfert war, mit ausgestrecktem Arm von der Wand gezogen und wie einen leblosen Gegenstand wieder zurückgeworfen zu haben. Er hat diese Auffassung in der Premiere, irritiert durch mancherlei Kritik in der Generalprobe, nicht mehr streng durchgehalten und sich dadurch – völlig unnötig – um seinen großen Erfolg gebracht.

Für mich war diese Aufführung die glühend erwartete Gelegenheit, mich in Berlin in einer großen klassischen Rolle durchzusetzen, nachdem bis dahin lediglich meine Begabung im Konversationsstück ausgenutzt war. Ich darf mir daher an dem künstlerischen Erfolg der Gesamtinszenierung keinen Anteil zurechnen.

Lindemanns ›Faust II‹

Ähnlich erging es mir bei der Inszenierung des zweiten Teiles durch Gustav Lindemann, die inzwischen Theatergeschichte geworden ist.

Zum Anlaß der hundertsten Wiederkehr von Goethes Todesjahr gelang es dem Staatstheater nicht, aus eigenen Kräften eine Aufführung von »Faust II« auf die Beine zu stellen. Der damalige Kultusminister hatte gedroht, das Staatstheater schließen zu lassen, wenn es diese Verpflichtung nicht erfüllen könne. Und so verfiel man auf den zunächst wenig schön anmutenden Ausweg, die Düsseldorfer Inszenierung Gustav Lindemanns und Louise Dumonts für Berlin zu übernehmen. Diese Verlegenheitslösung sollte einer der größten Erfolge werden, die das Staatstheater am Gendarmenmarkt je hatte. Mit einer profunden Kenntnis des Werkes und einem ungeheuren Arbeitsaufwand brachte Gustav Lindemann diese Aufführung zustande, in der Krauß zu der ihm angemessenen Höhe seiner Faust-Darstellung emporwuchs und in deren Erfolg auch ich mit hineingerissen wurde, obwohl sich hier – und erst hier zum erstenmal – eigene Vorstellungen über eine Interpretation von »Faust« meldeten. Die Wirkung dieser Aufführung war ungeheuer, und diese Wirkung lag in der völligen Geschlossenheit, in der sich die Inszenierung darbot.

Ich selber ging allerdings mit gelegentlichem Befremden, über das ich mir keine Rechenschaft ablegen konnte, durch diese Fülle von Figuren, Aufwendigkeiten, Chören, Telchinen, Psyllen und Marsen, Doriden und Imsen.

Erste Regie-Versuche

Anderthalb Jahre später – nunmehr als Leiter des Theaters – stellte ich diese Aufführung wieder her und schied dabei einen Teil dieser üppigen Szenen aus (ich strich – wenn auch mit Bedauern – das ganze eleusische Fest und verbannte es ins Programmheft). Aber ich war mir dabei nicht bewußt, daß ich mit diesen Abänderungen meine ersten Regie-Versuche an Faust vorgenommen hatte.

Faust I 1941

Als ich mich zehn Jahre später dem Werk wieder näherte, war dies meine erste selbständige Beschäftigung damit. Aus meiner angeborenen und durch die äußeren Umstände höchst gesteigerten Animosität gegen alles Verquollene, »Titanische«, gegen jenes exhibitionistische Wühlen in der eigenen Seele, gegen die Sucht, das Dunkle noch dunkler zu machen, einen Gedanken, statt ihn durch die Sprache zu klären, mit Gefühl bis zur Unverständlichkeit zu belasten, besetzte ich den Faust mit dem männlichsten Darsteller des deutschen Theaters, mit Paul Hartmann, der auf Grund seines Naturells nicht in die Versuchung geraten konnte, die großen Monologe gedanklich zu überlasten, der nicht – tragischer Irrtum aller Faust-Darsteller – jeder Zeile des Dichters ängstlich gerecht zu werden bemüht war, sondern der sich tapfer und zornig durch die Monologe schlug. Und auf einmal war etwas erreicht, was mir für eine »Faust«-Aufführung überhaupt wesentlich erscheint: wir hörten keine Selbstgespräche, in denen geniale Zwerge einen genialen Riesen auszudeuten bemüht waren, sondern wir erlebten Aktion von Zeile zu Zeile, Handlung von Schritt zu Schritt – Drama.

Im übrigen blieb damals der erste Teil im Äußerlichen noch konventionell, wenn ich auch den Müthelschen Himmel mit sichtbarem Herrgott und vielen auf der Bühne stehenden Engeln verbannt hatte und nur Mephisto auf einer leeren Bühne zeigte, während die Stimmen des Herrn und der

Engel von oben kamen. Die Szene jedoch war von größerem Realismus, als sie früher gewesen war.

Rochus Gliese und ich, wir bemühten uns, die kleine Welt des Gretchen-Teils durch kleine Räume deutlich zu machen. Der Garten besonders war ein kleiner Gemüsegarten, dicht umstellt mit Häusern, die Marthes Satz ». . . Allein es ist ein gar zu böser Ort: Es ist, als hätte niemand nichts zu treiben Und nichts zu schaffen, Als auf des Nachbarn Schritt und Tritt zu gaffen . . .« deutlich machten. Neu und gut war lediglich mein Einfall, von der heiligen Messe des Domes sofort in die schwarze Messe der Walpurgisnacht überzublenden. Diesen Einfall habe ich beibehalten. Meinen Wunsch (den ich heute noch in mir bekämpfen muß), das erste Bild des zweiten Teils als Abschluß des ersten zu spielen, um noch deutlicher zu zeigen, daß Gretchen nur eine Station in Fausts Wanderung darstellt, konnte ich mir nicht erfüllen und werde ihn mir nie erfüllen können, weil das Gretchen-Drama stärker ist als solche Logik und jeder Wunsch, einen Abschluß zu finden, der der Titelfigur gehört und das Faust-Thema weiterführt. Erst in Hamburg gelang es mir, Gretchen am Schluß so zu steigern, daß sie, die göttliche Funktion übernehmend, das Urteil über diese Episode sprach und sich damit einen legitimen Platz im großen Finale des zweiten Teils sicherte.

Faust II 1942

In der Berliner Inszenierung des zweiten Teils hingegen konnte ich mich weitgehend von früheren Vorstellungen freimachen, wenn ich auch betonen muß, daß die dramaturgische Vorarbeit von Louise Dumont und Gustav Lindemann für meine »Faust«-Bearbeitung keinesfalls unterschätzt werden darf. Aber wenn ich glaubte – und glaube –, daß man am Kaiserhof »Prospekte nicht und nicht Maschinen« schonen darf, so gelang mir doch schon gegen Ende des zweiten Teils eine weitgehende Konzentration auf das Wort, ein weitgehender Verzicht auf dekorative Illustration.

Natürlich, noch gab es ein Arkadien, an dem Winckelmann seine Freude gehabt hätte, noch war das Hochgebirge als Dolomiten und der Lindenbaum von Philemon und Baucis, im Norden gelegen, deutlich erkennbar. Noch stand der Türmer auf seinem Turm, noch war da ein katholischer Himmel. Aber schon hatten sich ganze Szenen dekorationslos und nur durch Podestverschiebungen der darin sehr leistungsfähigen Staatstheaterbühne abgespielt.

Am deutlichsten zeigte sich vielleicht die Entwicklung an der Grablegungsszene. In der Lindemann-Inszenierung traten noch die Engel leibhaftig auf, sprachen ihre Chöre und streuten ihre Rosen. In meiner Inszenierung im Jahre 1942 waren die Engel und die Rosen bereits als undeutliche Konturen auf herabfallende Schleier projiziert.

Die Hamburger Inszenierung

In der Hamburger Inszenierung von 1958 erscheinen sie gar nicht mehr, und in unserer Erkenntnis, daß es für diese Szene einen dekorativen Einfall einfach nicht geben kann, haben Teo Otto und ich uns entschlossen, diese Einfallslosigkeit zu bekennen und die Bühne nackt, wie sie ist, als Gerippe, zu zeigen. Hier konnte ich auch am leichtesten eine Wandlung meines Mephisto aufzeigen.

Wie es mir von jeher unmöglich war, an das absolut Gute zu glauben, so konnte ich auch nie an das absolut Böse glauben. Mir schien der Sturz, den Luzifer tat, um Mephisto zu werden, so ungeheuerlich, so unverwindbar, daß er mich völlig beherrschte. Daß für mich dieser Mann namens Faust nur ein Anlaß war, wieder mit Gott ins Gespräch zu kommen. Ich gab also dem Mephisto des Prologs im Himmel und dem Mephisto der Grablegung noch die äußeren Kennzeichen dessen, was er einmal gewesen war: die eines reduzierten, eines gefallenen Engels. Und ich fand auch ohne Mühe im Laufe des ganzen Werkes immer wieder Stellen, in denen Mephisto über Faust hinweg mit Gott spricht. Ich bin heute der Meinung, daß ich in den Aufführungen von 1932/33 und 1941/42 darin zu weit gegangen bin.

Ich hatte in Düsseldorf 1949 die Inszenierung des ersten Teils wiederholen können und war zumindest im Dekorativen (Herta Boehm) einen weiteren Schritt zur Vereinfachung gegangen. Aber noch kam ich nicht um die vielen, überraschend vielen vom Dichter gestellten szenischen Anforderungen herum. Was wird allein in der Studierstube an Mobiliar und Requisiten angesprochen! Die minuziöse Schilderung des Gretchenzimmers verlangt ebensoviel realistisches Detail wie Auerbach, Hexenküche und Valentins Tod.

Leider kam ich in Düsseldorf nicht mehr zu der Inszenierung des zweiten Teils. Die Möglichkeit dazu bot sich mir in Hamburg. Nichts konnte mir ferner liegen als eine nochmalige Wiederholung einer einmal erarbeiteten Inszenierung. Ich sah mir Fotografien der vergangenen Aufführungen an, die samt und sonders große Erfolge gewesen waren, und stieß mich an dieser Fülle von Pappe, Sperrholz, Podesten und Prospekten. Und dann kam mir beim Durchlesen des Vorspiels auf dem Theater – das ich bis dahin nie gespielt hatte – der Gedanke, von dort aus das Stück zu inszenieren.

Ich setzte mich mit Teo Otto zusammen, und

indem wir unseren Dichter von Zeile zu Zeile wie Schuljungen wörtlich nahmen, kamen wir zu unserer Lösung, die mir heute so selbstverständlich erscheint, daß es mir als eine Fälschung vorkommen will, wenn man den »Faust« ohne das Vorspiel auf dem Theater spielt. Denn in diesem Vorspiel und mit diesem Vorspiel enthebt uns Goethe ein für allemal der Verpflichtung, den Zuschauer glauben zu machen, sein Himmel sei *der* Himmel – seine Kaiserpfalz sei *die* Kaiserpfalz – sein Griechenland sei *das* Griechenland. Nein, es ist alles, der Himmel, die Hölle, die kleine, die große Welt: die Welt des Theaters.

Und nun mußte man nicht einmal von der ausdrücklich gegebenen Erlaubnis des Dichters, alle technischen Möglichkeiten weidlich auszunutzen, Gebrauch machen. Nun konnte man wirklich im *engen Bretterhaus* den ganzen Kreis der Schöpfung ausschreiten und sich auf die Möglichkeiten, die diese Bretter gaben, konzentrieren; und es war sehr interessant, nachdem wir geglaubt haben, wunders wie spartanisch wir in unseren Entwürfen gewesen seien, festzustellen, daß wir nach der ersten Dekorationsprobe noch fast die Hälfte unseres geplanten Dekors wegwerfen konnten (und als einige Monate später Caspar Neher diese Aufführung sah, sind nochmal ein paar Teile verschwunden). Dabei lag der Gedanke, die Faustsche Studierstube und vor allem Wagners Laboratorium unseren heutigen Vorstellungen von dem Arbeitsraum eines Wissenschaftlers anzugleichen, zu nahe, als daß der Einfall verbucht werden müßte.

Aber die Walpurgisnacht wollte der neuen Auffassung angepaßt sein. Nachdem ich zwei Jahrzehnte durch unintelligenten Pappbreughel geschlendert war, suchte ich einen neuen Ausdruck für die Orgien des Blocksbergs, und ich glaubte ihn in der schweißtreibenden Hingegebenheit an den simpelsten Rhythmus ebenso gefunden zu haben wie in der sinnlosen Betriebsamkeit von Wesen, denen an Stelle von Herz und Kopf komplizierteste technische Apparaturen gewachsen waren. Ich sah in einer Illustrierten das Bild eines Fliegers – er hatte sich auf seinen Sturzhelm ein Abziehbild der Mutter Gottes geklebt. Was konnte ich Besseres tun, als ihm den Ehrenplatz in dieser Walpurgisnacht einzuräumen.

Nachdem ich schon in meiner Berliner Inszenierung alle Szenen, die allein zwischen Faust und Mephisto spielen, in einem unrealen Raum ansiedelte, weil ich nicht einsehen konnte, daß Männer, die nur den Mantel auszubreiten brauchen, der sie durch die Lüfte trägt, sich an einer gotisch bemühten Straßenecke treffen müssen, ging ich in meiner Hamburger Inszenierung – unterstützt durch das Bühnenpodest – einen entscheidenden Schritt weiter.

In Berlin wurden diese Szenen hinter einem Schleier, auf den jeweils wechselnde Wolken projiziert waren, gespielt, und in ›Wald und Höhle‹ war die Höhle noch sorgfältig auskaschiert. Nun konnten die Szenen unverblümt auf dem Podest gespielt werden, das wir ja anfangs zur Welt, auf der wir unser Spiel spielten, erklärt hatten. Und auch für die Höhle genügte ein Podest auf dem Podest, und eine ähnliche Lösung sollte sich im zweiten Teil für die ›Finstere Galerie‹ als besonders glücklich erweisen.

Der Verpflichtung enthoben, historisch echt zu sein, wurde plötzlich der Blick frei für von mir bis dahin nicht richtig erkannte Großartigkeiten: zweifellos die entscheidendste dabei war für mich die Entdeckung einer ungeheuren Ironie, die zum Beispiel die ganze klassische Walpurgisnacht kennzeichnet. Schon zur Grablegung hat Goethe gemeint: »Es steckt eine gehörige Portion Ironie darin.«

Wenn man sich nicht mehr von der Bedeutung der Erichtho verblüffen läßt (sie ist die erste, die den klassischen griechischen Trimeter spricht), merkt man, daß sie eine sehr auf ihren guten Ruf bedachte Dame ist, die sich über ihre Interpretation durch die »leidigen Dichter« beschwert und wie eine grandiose commère die Walpurgisnacht konferiert und damit auch innerhalb des Stückes der Walpurgisnacht noch einmal einen Rahmen gibt: ein Spiel im Spiel ansagt. (Und wirklich findet sich bei Goethe einmal eine Anweisung, die lautet: »Erichtho, die Honneurs machend.«)

Dann merkt man, daß die Geister der Walpurgisnacht tatsächlich zu lebendig sind, wie Mephisto sagt. Die Greife sind beleidigt, daß man sie Greise nennt, die Sphinxe zanken sich mit den Sirenen, Mühmichen Empuse streitet sich mit den Lamien – es ist wirklich eine außerordentlich lebendige und unphilologische Gesellschaft, die dort ihren geistreichen Spuk treibt.

Ich hatte früher als Regisseur die Walpurgisnacht so hingenommen, wie sie auf Faust wirkt. Heute glaube ich zu wissen, daß ihre Gestalten wahrhaft Mephistos antikische Kollegen sind.

Diese ironischen Partien mitzuinszenieren, bedeutet keine Gefahr für ihre Würde, nur wurde aus dem Gang durch ein Museum der Antike ein lebendiges Frage- und Antwortspiel zu dem eindeutigen Zweck, Helena zu finden.

Die Darstellung des Faust

Ich habe eingangs darauf hingewiesen, daß mir als Mephisto Faust immer nur als ein Anlaß erscheinen wollte, seinen ewigen Streit mit Gott weiterzuführren, und in der Tat ist es für Mephisto manchmal schwierig, diesen Partner ganz ernst zu nehmen (»laß in den Tiefen der Sinnlichkeit ... ach du lieber Gott«). Manchmal bin ich versucht, einem bedeutenden Mann nicht unrecht zu geben, der den Faust einmal als einen Typ definierte, »der immer wieder aufs neue und selbstgerecht unter uns auftaucht, um Ordnungen anzuklagen, zu zerstören, neue Rechte zu verlangen, wollüstig, wehmütig zu klagen und aus den üblen Lagen, in die er hineingerät, billig transzendente Auswege zu finden ...«

Wie dem nun sei, das Einzige, was man Faust unter keinen Umständen absprechen kann, ist, daß er »immer strebend sich bemüht«. Das scheint mir denn auch das Wesentlichste zu sein, was ein Faust-Darsteller mitzubringen und darzustellen hat. (»Wer immer strebend sich bemüht, den können wir erlösen«, sagt der Herr, und Faust sagt: »Werd' ich zum Augenblicke sagen, Verweile doch! du bist so schön! Dann magst du mich in Fesseln schlagen, Dann will ich gern zugrunde gehn.«)

Es ist ein Irrtum vieler »Faust«-Inszenierungen und vieler »Faust«-Darsteller, daß sie nun genau das tun, was nicht gemeint ist, nämlich verweilen, weil es so schön ist! Sie verweilen in den Monologen, weil sie so schön sind. Das gibt dann diese respektgebietenden Aufführungen, wo ein titanischer Mann zwanzig Minuten lang bei schönen Gedanken verweilt. Und diese ersten Studierzimmerszenen sind es auch, die das blendende Theaterstück »Faust« zu einem Weihespiel gemacht haben, zu einer deutschen Pflicht, statt zu einem deutschen Vergnügen.

Ich habe mich immer bemüht, die großen Darsteller, mit denen ich »Faust« inszenieren und spielen durfte, darauf hinzuweisen. Bei Krauß und Hartmann war diese Gefahr von vornherein nicht gegeben. Bei Eugen Klöpfer war sie durchaus vorhanden, wenn sie auch durch die unvergleichliche Wärme seiner Darstellung aufgewogen wurde. Ein großer Darsteller jedoch war ständig in Gefahr, ihr zu erliegen: Horst Caspar, dessen Ehrlichkeitsfanatismus ihn kein Wort über die Lippen bringen ließ, das nicht gefühlt und empfunden war. Und so konnte es passieren, daß eine Vorstellung mit ihm bis zu fünfzehn Minuten länger dauerte als die festgelegte Zeit (dabei war es gerade Horst Caspar, von dem ich sagen müßte, er hat in Düsseldorf eine Generalprobe gespielt von einer Qualität, wie sie vor und nach ihm nie ein Faust-Darsteller erreicht hat).

Als Beispiel fällt mir eine Episode mit Krauß ein, der unter meiner Regie (Berlin 1943) einen herrlichen Lear spielte – bis zur Hauptprobe. Die war schlimm, auch die zweite Hauptprobe im Kostüm und in Maske; ich sagte nichts, weil ich glaubte, die äußeren Umstände (Dekorationen und Kostüme) seien schuld an seiner merkwürdigen Unkonzentriertheit. Als aber auch die Generalprobe für mein Gefühl nicht den hohen Stand seiner bisherigen Probenleistungen zeigte, entschloß ich mich, mit ihm zu reden. Ich ging nach der Probe in seine Garderobe und fragte ihn nach dem Grund der merkwürdigen Leere und Unentschiedenheit seiner Leistung. Er antwortete: »Arbeitsmäßig bin ich mit der Rolle fertig. Was jetzt kommt, ist Gnade.« Ich schlug ihm vor, bis zum Eintreffen der Gnade wenigstens die vereinbarten Stellungen, Tempi und Betonungen einzuhalten, damit auch ohne Gnade wenigstens der Umriß dastand, das Gefäß bereitet war und die Gnade sich ergießen könne.

Ich weiß nur zu gut, wie leicht die Verantwortung . . . du spielst den Lear, du spielst den Wallenstein . . . sich ehrfurchtsvoll störend in den Versuch, die Rollen darzustellen, mengt.

Von den beiden Kollegen, mit denen ich heute »Faust« spiele, ist Quadflieg die mit allen Mitteln verschwenderisch ausgestattete dynamischere Persönlichkeit, die an Schwierigkeiten wächst, weshalb mit Recht vermerkt wurde, daß der ihm theoretisch schwerer zugängliche alte Faust seinen jungen Faust – der ihm von Natur aus viel leichter fallen müßte – überstrahlt, während umgekehrt der in seinen Mitteln einfachere und unmittelbarere Werner Hinz das Religionsgespräch zum Beispiel schöner und ergreifender spricht als irgendein Faust vor ihm. Hier ist Faust, menschlich ungemein anrührend, ein Typus mehr denn eine Ausnahmeerscheinung. Leider sah ich nie Mathias Wiemar, nie Balser und nie den wunderbaren Wilhelm Borchert.

Ich werde – ohne einen Augenblick das Gefühl zu haben, dem großen Werk je ganz gerecht geworden zu sein – meinen Versuchen nichts mehr hinzuzufügen haben. Aber habe ich mit diesen Arbeiten Anregungen geben können – positive oder negative, was am Ende dasselbe ist –, so sind meine gründlichen Begegnungen mit Faust über den Tag hinaus keine unnützlichen gewesen.

Daten einer Begegnung mit ›Faust‹

Oktober 1918
Schüler in Faust I., *Volksbühne Saarbrücken*

März 1919
Mephistopheles in Faust I., *Bergtheater Thale im Harz*

Ostern 1922
Mephistopheles in Faust I., mit Hans Alva, Elisabeth Kuhlmann, *Stadttheater Kiel*

2. Dezember 1932
Mephistopheles in Faust I., mit Werner Krauß, Käthe Gold, Elsa Wagner. Inszenierung Lothar Müthel, *Preußisches Staatstheater Berlin*

22. Januar 1933
Mephistopheles in Faust II., mit Werner Krauß. Inszenierung Gustav Lindemann, *Preußisches Staatstheater Berlin*

11. Oktober 1941
Inszenierung und Mephistopheles in Faust I., mit Paul Hartmann, Käthe Gold, Maria Koppenhöfer. Bühnenbild Rochus Gliese, *Preußisches Staatstheater Berlin*

22. Juni 1942
Inszenierung und Mephistopheles in Faust II., mit Paul Hartmann. Bühnenbild Rochus Gliese, *Preußisches Staatstheater Berlin*

13. April 1949
Inszenierung und Mephistopheles in Faust I., mit Paul Hartmann, Antje Weisgerber, Elisabeth Flickenschildt. Bühnenbild Herta Boehm, *Düsseldorfer Schauspielhaus*

5. September 1949
Inszenierung und Mephistopheles in Faust I., mit Horst Caspar, Antje Weisgerber, Elisabeth Flickenschildt. Bühnenbild Herta Boehm, *zu den Festspielen in Edinburgh*

21. April 1957
Inszenierung und Mephistopheles in Faust I., mit Will Quadflieg, Antje Weisgerber, Elisabeth Flickenschildt. Bühnenbild Teo Otto, *Deutsches Schauspielhaus Hamburg*

9. Mai 1958
Inszenierung und Mephistopheles in Faust II., mit Will Quadflieg, Antje Weisgerber, Maria Becker, Hermann Schomberg. Bühnenbild Teo Otto, *Deutsches Schauspielhaus Hamburg*

2. Dezember 1959
12. Dezember 1959
Inszenierung und Mephistopheles in Faust I., mit Werner Hinz, Ella Büchi, Ehmi Bessel. Bühnenbild Teo Otto, *Gastspiel in Leningrad und Moskau*

Im Suhrkamp Verlag erschienen

Gustaf Gründgens, Wirklichkeit des Theaters. 1953. 1977. *Bibliothek Suhrkamp* Band 526. 212. S.

Siegfried Melchinger, Geschichte des politischen Theaters. 1974. 2 Bände. *suhrkamp taschenbuch* Band 153 und 154. 572 S.

Samuel Beckett inszeniert das »Endspiel«. Fotografiert von Rosemarie Clausen. 60 Fotografien mit dem Text des »Endspiels« und dem Probenbericht von Michael Haerdter. 1969. 116 S. Kt.

Alphabetisches Gesamtverzeichnis der suhrkamp taschenbücher